Ralf Dahrendorf
Die Krisen der Demokratie

Ralf Dahrendorf

Die Krisen der Demokratie

*Ein Gespräch
mit Antonio Polito*

Aus dem Italienischen
von Rita Seuß

Verlag C. H. Beck

Die Deutsche Bibliothek – CiP-Einheitsaufnahme

Die Krisen der Demokratie : ein Gespräch mit Antonio Polito / Ralf Dahrendorf.
Aus dem Ital. von Rita Seuß. – München : Beck, 2002
Einheitssacht.: Dopo la democrazia <dt.>
ISBN 3-406-48750-5

Titel der italienischen Originalausgabe:
Dopo la democrazia. Intervista a cura di Antonio Polito
© Gius. Laterza & Figli, Roma-Bari 2001

Zweite Auflage 2002
© Verlag C. H. Beck oHG, München 2002
Satz: Fotosatz Amann, Aichstetten
Druck und Bindung: Friedrich Pustet, Regensburg
gedruckt auf säurefreiem, alterungsbeständigem Papier
(hergestellt aus chlorfrei gebleichtem Zellstoff)
Printed in Germany
ISBN 3 406 48750 5

www.beck.de

Inhalt

Demokratie 7

Globalisierung 15

Glokalisierung 27

Europa 33

Amerika 53

Demos 66

Vermittler 80

Antipolitik 89

Ethik 99

Die neue Demokratie 112

Demokratie

Nachdem sich die Demokratie zwei Jahrhunderte lang be-
währt hat, befindet sie sich heute offenbar in einer schweren
Krise, deren Ausgang ungewiss ist. Ja, wir wissen nicht einmal,
ob sie den Wandel, der sich augenblicklich vollzieht, überdau-
ern und in der Form, in der wir sie kennen, weiterbestehen
wird. Fast alle Nationen der Welt bezeichnen ihre Regierungs-
form heute als «Demokratie». Nach John Dunn gibt es «erstmals
in der Geschichte der Menschheit eine einzige dominierende
Staatsform, nämlich die moderne demokratische, konstitutio-
nelle und repräsentative Republik». Sie selbst haben gesagt: «Als
die kommunistischen Regime Osteuropas nach 1989 eines nach
dem anderen zusammenbrachen, schien es, als hätte die Demo-
kratie endgültig gesiegt.» Aber Sie haben auch hinzugefügt:
«Heute jedoch, kaum zehn Jahre später, sind sich viele dessen
nicht mehr ganz so sicher.» Die tatsächliche Regierungsgewalt
liegt eindeutig immer weniger, keinesfalls immer fester in den
Händen des Volkes, des «demos». Der Ort der Entscheidung
rückt in immer weitere Ferne und ist bisweilen nicht mehr er-
kennbar. Globalisierung und Internationalisierung schmälern
mehr und mehr das Fundament der genuin demokratischen Ent-
scheidungsprozesse. Über diesen offensichtlichen Widerspruch
und Ihre Antworten darauf möchte ich mit Ihnen sprechen.
Zunächst aber: Stimmen Sie meiner pessimistischen Einschät-
zung zu?

Ich stimme zu, dass wir heute eine schwere Krise der Demokratie erleben. Dabei gehöre ich nicht zu jenen, die an jeder
Ecke des Weges der Moderne eine Krise diagnostizieren.
Ebenso wenig teile ich die Naivität derer, die an jedem neuen
Anfangspunkt von einem Ende – der Geschichte wie der Demokratie – sprechen. Ich wähle daher meine Worte mit Be-
dacht. Aber zweifellos ist die Form der Demokratie, die viele
von uns 1989 im Sinn hatten, in ernste und tiefe Schwierigkei-

ten geraten. Selbst freie Wahlen scheinen nicht mehr in der Lage, befriedigende und dauerhafte Lösungen zu bieten.

Obwohl ich nach wie vor an die Prinzipien der klassischen Demokratie glaube und mich als ihren vehementen Verteidiger verstehe, bin ich gleichwohl überzeugt, dass wir die konstitutionellen Grundlagen der Demokratie im Licht der fundamentalen Veränderungen, die keineswegs abgeschlossen sind, neu überdenken müssen. Ich würde sagen, wir sind heute bereits in eine Phase eingetreten, die wir als «Post-Demokratie» bezeichnen könnten, aber das enthebt uns nicht der Verpflichtung, am Entwurf einer «neuen Demokratie» zu arbeiten.

Damit es keine Missverständnisse gibt: Könnten Sie zunächst einmal beschreiben, was Sie unter Demokratie verstehen? Ist es das allgemeine Wahlrecht, der Parlamentarismus, das Mehrheitsprinzip, die Wahrung der politischen und bürgerlichen Rechte, das Vorhandensein einer Verfassung? Was ist Demokratie?

Das Wort «Demokratie» hat im landläufigen Sprachgebrauch sicherlich viel von seiner Kraft verloren. Wenn in Großbritannien dreiundzwanzig Erblords der liberaldemokratischen Gruppe aus ihrer Mitte diejenigen drei Lords wählen, die im «neuen» Oberhaus bleiben, so bezeichnet man diese Sieger als «demokratisch gewählt». Wie man sieht, kann es also ein Irrtum sein, Wahlen – jegliche Wahlen – mit politischer Demokratie gleichzusetzen. Wenn andererseits in Teilen der Welt, die bisher von autoritären Regimes beherrscht wurden, demokratische Verhältnisse einziehen, meint man mit diesem Begriff das gesamte Spektrum moderner Werte: Freiheit selbstverständlich; Gleichheit, die erstmals Tocqueville als Demokratie bezeichnete, und später dann auch Brüderlichkeit. Der Begriff «Demokratie» wird somit zum Synonym für eine gute Gesellschaft», und auch dies ist ein Irrtum. Ich möchte daher diese Begriffsverwirrungen vermeiden und mit Hilfe von Karl Popper und John Stuart Mill eine klar definierte Terminologie verwenden.

Die Demokratie ist ein Ensemble von Institutionen, die darauf abzielen, der Ausübung politischer Macht Legitimation zu verleihen, indem sie auf drei Kernfragen eine schlüssige Antwort liefern.

Die eine lautet:

1. Wie können wir in unseren Gesellschaften Veränderung ohne Gewalt herbeiführen?

Die einfachste Definition der Demokratie hat Karl Popper geliefert: eine Verfassung, die es ermöglicht, sich ohne Blutvergießen von der Regierung zu befreien. Diese Definition ist vielleicht etwas zu restriktiv und eher lakonisch als einfach; ihre Implikationen jedoch sind in Wahrheit höchst komplex.

Ich möchte daher zwei weitere Fragen anschließen, auf die die Demokratie Antworten liefert:

2. Wie können wir mit Hilfe eines Systems von «checks and balances» die Machtausübenden kontrollieren und sicherstellen, dass sie ihre Macht nicht mißbrauchen?

Ich kann dem berühmten Ausspruch Winston Churchills nicht zustimmen, demzufolge die Demokratie die schlechteste Regierungsform sei, abgesehen von allen anderen. Wahrscheinlich störten diesen großen Mann die Beschränkungen, die das Parlament, die Wahlen, die Parteien und so weiter seiner Machtausübung auferlegten. Das geht vielen großen und weniger großen Männern so, aber genau dies ist der Grund, warum die Demokratie eine so zivilisierte Regierungsform ist. Sie schützt uns vor der Tyrannei, auch vor der Tyrannei der großen Männer.

Die letzte Frage schließlich, auf die die Demokratie eine Antwort gibt, lautet:

3. Wie kann das Volk, wie können alle Bürger an der Ausübung der Macht mitwirken?

Die Demokratie ist die Stimme des Volkes, das Institutionen schafft, welche die Regierung kontrollieren und ihre gewaltfreie Ablösung ermöglichen. In diesem Sinn ist der «demos», das Volk, der Souverän, der den demokratischen Institutionen Legitimation verleiht.

Dann ist also Demokratie im wesentlichen Kontrolle der Macht?

Meine Begriffsbestimmung hat sicher den Aspekt der Begrenzung der Machtausübung betont. Aber um nicht missverstanden zu werden: Natürlich ist Macht ein notwendiges Instrument, um mehr Lebenschancen zu schaffen. In gewissem Sinn könnte man die drei oben formulierten Fragen daher auch andersherum stellen, indem man eine aktivere und positivere Konzeption der Demokratie in den Vordergrund rückt, ohne dass sich am Endergebnis etwas ändert. Die Fragen könnten also auch lauten:

1. Wie können der Wille und die Bestrebungen der Völker in Handeln umgesetzt und das heißt realisiert werden?

2. Wie muss dieser Prozess konstruiert werden, um eine angemessene Erörterung der Probleme (durch die Parlamente) zu gewährleisten, die dann zu klaren Schlussfolgerungen (Gesetzgebung) führt?

3. Wie können jene, die die Macht ausüben (die Regierungen), in die Lage versetzt werden, die Initiative zu ergreifen, die zum Handeln führt?

Wir leben in einer Zeit, in der das weit verbreitete Unbehagen angesichts einer gewissen Stagnation der Demokratie leicht dazu führen kann, diese zweite Art der Fragestellung zu bevorzugen. Dafür entschied sich Mancur Olson in seinem «Aufstieg und Niedergang von Nationen». Aber ich bin nach wie vor überzeugt, dass die gegenwärtige Krise der Demokratie eher eine Krise der Kontrolle und der Legitimität angesichts der neuen wirtschaftlichen und politischen Entwicklungen ist. Deshalb bevorzuge ich die erste Art der Fragestellung. Denn diese drei Fragen decken alle ein Problem auf. Die Wahlen zum Beispiel, Instrument der Ablösung derer, die die Macht innehaben, scheinen nicht mehr die gewünschte Wirkung zu haben: Manchmal kommt es zu einem Wechsel, doch schon zwei Monate später sind die Leute erneut unzufrieden und beim geringsten Anzeichen einer vorübergehenden Krise in einem kleinen Teilbereich bereit, gegen eine Regierung zu wettern, die sie soeben erst gewählt haben, wie etwa im Fall der Benzinpreiserhöhung. Es ist so, als hätten die Wähler ein bestimmtes Konsumverhalten auf die Politik übertragen und betrachteten die Demokratie als einen Konsumartikel ähnlich einer Coladose, die man nach Gebrauch wegwirft. Die Parlamente ihrerseits haben einen Großteil ihrer Macht verloren – weniger im Bereich der Gesetzgebung als vielmehr in ihrer Eigenschaft als Kontrollinstanz der Regierung.

Der Kern der Krise der Demokratie liegt meines Erachtens jedoch in der Tatsache, dass die drei Antworten, die ich skizziert habe, nur in einem ganz bestimmten Kontext gelten, nämlich in den traditionellen Nationalstaaten. Dagegen ist es sehr schwer zu sagen, welche Geltung sie in anderen Kontexten haben könnten. Ich würde daher den Zusammenhang zwischen der Krise der Demokratie und der Krise der Nationalstaaten als den zentralen Punkt betrachten. Wir können vor der Notwendigkeit von Veränderungen nicht die Augen verschließen, auch wenn wir – wie ich es mit Nachdruck tue – an diese demokratischen Institutionen glauben, die in den Nationalstaaten bis heute Antworten auf unsere drei Fragen gefunden haben. Daher werde ich, was immer ich in diesem Gespräch zu den notwendigen Eingriffen und Veränderungen sagen kann, mit einer gewissen Trauer und mit wehmütiger Erinnerung an eine Welt vortragen, die es nicht mehr gibt.

Sie haben zu den Grundwerten der Demokratie nicht das Prinzip des Rechtsstaats gerechnet, die «rule of law». Warum nicht?

Für mich setzt sich die liberale Ordnung aus zwei unterschiedlichen Elementen zusammen: Das eine ist die Demokratie, das andere der Rechtsstaat, also die unterschiedslose Unterwerfung aller Bürger unter das Gesetz. Beide Elemente sind gleichermaßen wichtig, ohne deshalb identisch zu sein. Es gab Länder, die wichtige Elemente des Rechtsstaats aufwiesen, aber mit Sicherheit nicht demokratisch waren: Ich denke dabei an Preußen. Und es gab Länder, die demokratisch waren, aber nur eine sehr schwach ausgeprägte Rechtsstaatlichkeit hatten: Ich denke an die Vereinigten Staaten in der frühen Phase der amerikanischen Geschichte. Russland zum Beispiel hat sich nach dem Niedergang der Sowjetunion ganz auf den Aufbau der Demokratie konzentriert und dabei den Aufbau eines Rechtsstaats sträflich vernachlässigt, wofür es einen hohen Preis zahlt. Wenn auch vereinzelt, so gibt es doch heute Länder wie den Iran, die sich in Richtung Demokratie bewegen, ohne auch nur die Spur einer Rechtsstaatlichkeit aufzuweisen.

Demokratie und Rechtsstaat sind also nicht ein und dasselbe. Auch der Rechtsstaat gibt gewisse Antworten auf unsere drei Fragen. So gewährleistet beispielsweise die Möglichkeit der rechtlichen Überprüfung manche «checks and balances» zur Kontrolle der Macht. Bisweilen gibt es gesetzliche Verfahren zur gewaltlosen Ablösung der Machthaber, wie etwa in der amerikanischen Verfassung, wo die Präsidentschaft auf zwei Amtsperioden begrenzt ist. Aber der Rechtsstaat sagt nicht viel darüber aus, wie dem «demos» die Teilnahme am demokratischen Prozess garantiert werden soll.

Ich bin daher zu der eher melancholischen Schlussfolgerung gelangt, dass wir manche Probleme, die sich heute stellen, eher durch die internationale Ausweitung des Rechtsstaates lösen können als durch den Aufbau scheinbar demokratischer Institutionen in neuen, größeren politischen Räumen. Ich sage das nur zögernd, denn ich glaube, dass die Demokratie auf nationalstaatlicher Ebene eine vorzügliche Regierungsform war und immer noch ist. Aber ich glaube nicht, dass sie jenseits des Nationalstaats praktikabel ist – auf den vielen internationalen und multinationalen Ebenen, auf denen heute politische Entscheidungen getroffen werden. Wer das Problem der Demokratie auf internationaler Ebene durch immer neue Wahlen lösen will und dabei an europäische Regierungen oder gleich an eine Weltregierung denkt, ist für mich ein Träumer. Die Ausweitung rechtsstaatlicher Elemente auf die Europäische Union zum Beispiel wäre in meinen Augen sehr viel realistischer und sehr viel leichter durchführbar als die Direktwahl des Kommissionspräsidenten.

Bevor wir uns der Analyse der Probleme und möglichen Lösungen zuwenden, möchte ich Sie fragen, ob die Krise der Demokratie nicht auch die Folge eines Versiegens des liberalen politischen Denkens ist. Grob gesprochen, ist doch die Demokratie als eine liberale Idee in Gesellschaften entstanden, die von einer Elite regiert wurden. Im 20. Jahrhundert hat sie sich dann mit dem Hineindrängen der Massen in den politischen Prozess auseinandersetzen müssen. Viele sind heute der Ansicht, dass der Liberalismus dieser Herausforderung nicht gewachsen war und sich in der Folge auf den Bereich der Ökonomie zurückgezogen hat, wo er dem Bürger in seiner Eigenschaft als Konsument oder als Kläger vor Gericht Antworten liefert, aber das Bürgerrecht tout court außer Acht lässt, sich also nicht um die Verteidigung und die Entwicklung der politischen Rechte der Bürger kümmert.

Der Liberalismus wurde für viele und sehr unterschiedliche Zwecke benutzt. Im Kern bedeutet er für mich jene Verfassung der Freiheit, die ich als «liberale Ordnung» bezeichnen würde. Vielleicht befindet sich das liberale Denken ebenso in einer Krise wie die Demokratie. Aber es gab doch stets einen Aspekt des Liberalismus, der betonte, dass der Staat nur einen begrenzten Einfluss auf die freie Entwicklung der wirtschaftlichen und sozialen Kräfte haben solle. Sowohl die Bürgergesellschaft als auch die Marktwirtschaft erkennen bestimmte Grundregeln an, aber sind doch Bereiche, in denen die freie Aktivität der Einzelnen keinen Beschränkungen unterliegt; in dieser Hinsicht haben die vergangenen zehn Jahre äußerst positive Entwicklungen gebracht. Ich gehöre also nicht zu jenen, die glauben, dass gewisse Exzesse des Marktkapitalismus ein schlagkräftiges Argument gegen die Prinzipien des Liberalismus sind. Wenn überhaupt, sind sie ein Argument dafür, die Regeln neu zu überdenken.

Liberale Ordnung auf der einen Seite und eine starke Bürgergesellschaft mit einer starken Marktwirtschaft auf der anderen Seite sind für mich nach wie vor die Ziele des Liberalismus. Ich kann in dieser Hinsicht keine besondere Krise erkennen. Allerdings kann, ja muss man von einer Krise der Parteien sprechen, die sich als liberal bezeichnen, und in diesem Sinn handelt es sich in der Tat um eine Krise des politischen Liberalismus. Aber das beschäftigt mich nicht besonders; ich glaube, dass wir uns mehr Sorgen um das Schicksal der Freiheit als um das Schicksal der liberalen Parteien machen sollten.

Globalisierung

Versuchen wir jetzt, die Ursachen dessen genauer zu analysieren, was wir als Krise der Demokratie bezeichnet haben.

Die erste – darauf haben Sie bereits hingewiesen – ist die Schwierigkeit, die Demokratie in einer zunehmend globalisierten Welt funktionsfähig zu erhalten, einer Welt, in der viele Entscheidungen auf einer Ebene getroffen werden, die über die traditionellen demokratischen Entscheidungsverfahren hinausgeht. Eric Hobsbawm hat kürzlich geschrieben, dass die Demokratie, um zu existieren, einen «politischen Raum braucht, in dem sie ausgeübt werden kann – und das ist üblicherweise der Staat, der uns als Nationalstaat vertraut ist». Stimmen Sie dieser Analyse zu?

Ja, ich teile sie. Schauen wir uns die großen Autoren der Vergangenheit noch einmal an. Unter den amerikanischen Verfassungsvätern widmete sich James Madison besonders der Frage nach den politischen Einheiten, in denen die Demokratie praktikabel ist. Ihm zufolge führen allzu kleine Einheiten zu einer Politik der Fraktionierung, die emotional aufgeladen ist. In einem für die Demokratie angemessen großen Raum sollten die Volksvertreter die Interessen ihrer Wählerschaft sehr genau kennen und zugleich in der Lage sein, sich an einem zentralen Ort zu versammeln, um sich mit anderen auseinander zu setzen. Die Frage, ob der Raum der Vereinigten Staaten, die seinerzeit aus dreizehn Staaten bestanden, zu groß sei, beantwortete Madison mit «nein». Nicht nur, weil er voraussah, dass die Kommunikation immer einfacher und schneller werden würde, sondern auch, weil er glaubte, dass dies ein angemessener Raum für bestimmte gefühlsmäßige Bindungen unter den Menschen der ehemaligen Kolonien sei.

Wenige Jahrzehnte später vertiefte John Stuart Mill diese Überlegungen, indem er der räumlichen Dimension den kulturellen Zusammenhalt hinzufügte, den er «Nationalität» nannte. Er meinte nicht «Nation» im engen ethnischen Sinn des Wortes, sondern einen ungeschriebenen Konsens über bestimmte Werte, der ein Volk innerhalb eines bestimmten Raumes zusammenhält.

Gewiss, der Begriff Nationalstaat ist, ganz besonders heute, kompliziert und mehrdeutig. Aber ich meine, dass diese bedeutenden Autoren durchaus Recht hatten: Die liberale Ordnung funktioniert besser, wenn der Raum, in dem sie wirkt, weder zu klein noch zu groß ist und wenn in diesem Raum gewisse kulturelle Gemeinsamkeiten bestehen. «Man kann von einem Teil der Menschheit sagen», schrieb Mill, «dass er eine ‹Nationalität› bilde, wenn diese Menschen untereinander durch gegenseitige Sympathien verbunden sind, die zwischen ihnen und irgendwelchen anderen nicht bestehen, aus diesem Gefühl heraus nämlich sind sie eher zur Kooperation untereinander bereit als mit anderen und wünschen sich eine gemeinsame Regierung…» Wie eng diese Gemeinsamkeit sein muss, darüber lässt sich freilich streiten. Mill beispielsweise hielt eine gemeinsame Sprache für äußerst wichtig. Die Schweizer könnten dieser These mit guten Gründen widersprechen. Amerika selbst ist heute ein größeres Land als noch vor zweihundert Jahren, und neben der englischen spielt auch die spanische Sprache im öffentlichen Leben eine wichtige Rolle. Sicher ist aber, dass eine mittlere Größe und gewisse Elemente einer gemeinsamen Kultur – das, was Mill «united public opinion» nennt – das optimale Umfeld für die Demokratie zu sein scheint, zumindest für die Demokratie, wie wir sie definiert haben.

Allerdings erleben wir heute eine Schwächung der Nationalstaaten, eine Verschiebung der Kräfte hin zu multinationalen Organisationen und Korporationen. Eine ständig wachsende Zahl von relevanten Beschlüssen – in der Wirtschaft ebenso wie im Verteidigungs- und im Sicherheitsbereich – werden in nichtdemokratischen Foren wie den Vereinten Nationen, der Europäischen Kommission, der Weltbank, der G7 und der NATO getroffen.

Genau darin liegt der Kern des Problems. Die Entscheidungen sind aus dem traditionellen Raum der Demokratie ausgewandert. Daher gibt es auf die drei Fragen, die ich anfangs gestellt habe, keine Antworten mehr. Gewaltloser Wandel? Aber wer und was sollte abgelöst werden, wenn die Entscheidungen an einem unerreichbaren Ort fallen und wenn die Macht, sie zu treffen, in den Händen von Personen liegt, die wir mit unserem demokratischen Handeln sowieso nicht beeinflussen können? Kontrolle der Macht? Wir haben keine wirksamen und klar definierten Methoden, um diese Kontrolle auszuüben. Vor allem aber: Wie soll sich die Stimme des Volkes bei der Entscheidungsfindung Gehör verschaffen?

Beschlüsse von lebenswichtiger Bedeutung werden heute nicht mehr im Bundestag oder in Westminster und auch nicht im Kapitol getroffen, sondern anderswo. Die Zinssätze für die Länder, die den Euro übernommen haben, werden in Frankfurt festgelegt. Wenn zwei große Unternehmen fusionieren wollen, müssen sie die Genehmigung dafür in Brüssel einholen. Die Entscheidung, Belgrad zu bombardieren, wurde von der NATO getroffen. Ob Russland neue internationale Darlehen bekommt oder nicht, wird vom Weltwährungsfonds entschieden. Nicht immer ist der Raum, für den diese Entscheidungen gelten, klar definiert. In gewisser Weise ist das Problem der internationalen Organisationen weniger gravierend, weil man in der Regel die Stelle kennt, wo die Entscheidungen gefällt werden, auch wenn das noch lange nicht heißt, dass sie immer kontrollierbar oder korrigierbar sind. Die Sache wird jedoch sehr viel komplizierter, wenn die Entscheidungen von multinationalen Unternehmen getroffen werden; hier lässt sich nicht mehr so leicht bestimmen, wo diese Entscheidungen fallen – wenn beispielsweise ein großer Konzern entscheidet, ob er in Wales oder in der Normandie investieren soll oder ob Fabriken in Frankreich oder in Italien zu schließen sind. Derartige Entscheidungen haben Auswirkungen auf Tausende von Menschen, und die Folgen sind schwerwiegender als bei vielen Beschlüssen, die nationale Regierungen treffen. Es ist tatsächlich nicht ohne weiteres vorstellbar, wie man auf diese Entscheidungen Einfluss nehmen kann; und mit Sicherheit kann man sagen, dass diese Entscheidungen mit dem demokratischen Prozess nichts zu tun haben.

Nehmen wir weiterhin die Auswirkungen der internationalen Kapitalflüsse, die in vieler Hinsicht eine unkontrollierte Freiheit genießen. Ob eine neue «dot.com»-Firma die für ihre Expansion notwendigen Mittel findet oder nicht, hängt von jenem geheimnisvollen Netzwerk ab, das wir Markt nennen. George Soros' Währungsspekulation gegen das Pfund hatte entscheidende Auswirkungen auf die britische Wirtschaft und Politik – ganz abgesehen von den Auswirkungen auf Soros selbst, der ungeheure Gewinne machte. Ich finde es bezeichnend, dass zehn Jahre später Soros selbst zu einem der stärksten Befürworter der Notwendigkeit internationaler Kontrollen geworden ist und Regeln fordert, die verhindern, dass andere in Zukunft denselben Erfolg haben wie seinerzeit er selbst.

Dieser Komplex von Entscheidungen jenseits des demokratischen Prozesses, lässt heute die Demokratie so ohnmächtig erscheinen. Die universelle und gleichzeitige Verfügbarkeit von Informationen, der Kern der Globalisierung, erlaubt es, die traditionellen Institutionen der Demokratie zu umgehen. Dadurch werden Fragen von enormer Tragweite aufgeworfen. Es sind wiederum die drei oben genannten: Wie können die Interessen des Volkes geltend gemacht werden, das von solchen Entscheidungen betroffen ist? Wie können diese Beschlüsse durch ein System von «checks and balances» kontrolliert werden? Wie lässt sich gewährleisten, dass die internationale Szene nicht dauerhaft von einer kleinen Gruppe von Inhabern der Macht beherrscht wird?

Meine These lautet, dass es auf diese Fragen, so aktuell sie sind, keine Antworten mehr gibt. Man kann heute nicht mehr sagen, dass die Demokratie und ihre Institutionen die Antwort liefern.

Gibt es also in den Nationalstaaten keinen Raum mehr für die demokratische Entscheidungsfindung?

Der Meinung bin ich nicht. Wir dürfen nicht nur die Auswirkungen der Globalisierung sehen, wir müssen bedenken, dass es eine Vielzahl von Entscheidungen gibt, die für den Einzelnen von großer Bedeutung sind und nach wie vor in den Nationalstaaten getroffen werden. Ich meine insbesondere den Komplex, den wir als «Sozialpolitik» bezeichnen können: Bildung, Renten, Sozialhilfe, den Wohlfahrtsstaat überhaupt.

In einem der interessantesten Bücher, das ich in letzter Zeit gelesen habe, «Just Capitalism», betont der Verfasser, Adair Turner, einen überaus wichtigen Aspekt: Nationale Regierungen, so sagt er, verfügen heute über sehr viel mehr Manövrierraum für politisches Handeln als gewisse überzogene Beschreibungen der Globalisierung uns glauben machen wollen. Ein Beispiel: Immer wieder wird behauptet, dass höhere öffentliche Ausgaben die sogenannte Wettbewerbsfähigkeit von Ländern beeinträchtigen. Ein sicheres und funktionierendes Eisenbahnsystem würde die britische Wirtschaft nicht schwächen. Wenn Schweden oder Deutschland Steuererhöhungen für öffentliche Aufgaben beschließen, so ergibt sich daraus nicht notwendig ein Wettbewerbsnachteil.

Globalisierung heißt also nicht, dass die Nationalstaaten keine Möglichkeit mehr hätten, wichtige, von Land zu Land unterschiedliche Beschlüsse zu fassen. Ich vergleiche gern Großbritannien und Italien: Der Vergleich liegt nahe, weil diese beiden Länder etwa dieselbe Bevölkerungszahl haben und über dasselbe Bruttoinlandsprodukt und damit auch dasselbe Pro-Kopf-Einkommen verfügen. Zwei gleich reiche Länder, die aber dennoch sehr unterschiedlich sind. Das Beispiel zeigt, dass es durchaus möglich ist, unterschiedliche Wirtschafts- und Sozialstrukturen zu haben und trotzdem in gleichem Maße erfolgreich zu sein. Globalisierung bedeutet keineswegs, dass jedes Land, das nicht dem amerikanischen Vorbild folgt, dazu verurteilt ist, in der neuen Welt den Anschluss zu verlieren.

Bedauerlicherweise haben jedoch zahlreiche internationale Organisationen die unselige Gewohnheit entwickelt, dem Rest der Welt das anglo-amerikanische Modell aufzwingen zu wollen, im Glauben, es sei das einzig Mögliche. Der Fehler des Weltwährungsfonds besteht nicht darin, dass er auf die nationale Politik der einzelnen Länder Einfluss nehmen will, sondern darin, dass er die Theorien der Ökonomen der Universität Chicago auf Länder anwenden will, die eigene Traditionen haben und womöglich zu besseren Ergebnissen kämen, wenn sie diesen folgen würden. Die Einsicht in diese Tatsache ist für die Zukunft des ehemals kommunistischen Zentraleuropa von großer Bedeutung, und die Verkennung dieser Tatsache war der grundlegende Irrtum, der in Russland begangen wurde.

Die dogmatische Übernahme angeblich aus der Globalisierung abgeleiteter Wahrheiten ist heute eine ernste Gefahr. Ich frage mich sogar, ob der von Blair unterstützte, mit dem EU-Gipfel von Lissabon in Gang gebrachte Prozess, der darauf abzielte, die europäische der amerikanischen Wirtschaft anzugleichen, nicht ein ähnlicher Irrtum war. Vielfalt und Globalisierung sind innerhalb gewisser Grenzen durchaus vereinbar. Das ist auch für die Demokratie wichtig, weil es zeigt, wie viel Raum für nationale demokratische Politik bleibt.

Sie haben jüngst das Entstehen einer neuen «globalen Klasse» beschrieben, die kosmopolitisch und mächtig ist und deren Interessen die nationalen Grenzen überschreiten, auch die Grenzen, innerhalb derer die Vertreter dieser Schicht leben und ihre Steuern zahlen – wenn sie sie denn zahlen; Menschen, die keinen Patriotismus kennen, sich im Allgemeinen indifferent, wenn nicht sogar unduldsam gegenüber dem nationalen demokratischen Prozess verhalten; Menschen, die in einer ganz eigenen Welt leben, aber die Wirtschafts- und Finanzwelt beherrschen, die Kulturindustrie lenken, die Moden und Trends bestimmen. Sehen Sie hierin eine Gefahr für die Demokratie?

In vieler Hinsicht, ja. Bei der Beschreibung dieses Phänomens habe ich eine marxianische, wenn auch nicht marxistische Figur der Analyse verwendet. Bisweilen sehen wir uns in der Geschichte neuen Produktivkräften gegenüber. Im Falle der «New economy» ist allerdings «produktiv» das falsche Wort, weil es sich hier nicht um Produktion handelt. Es sind vielmehr neue wirtschaftliche und soziale Kräfte, die mit den Informationstechnologien zu tun haben. Wie schon öfter in der Vergangenheit entstand auch im Zuge dieser Entwicklung eine neue soziale Klasse, die zu Geld kam und das, was Rosabelle Moss Kanter die unantastbaren Güter nannte, über die diese Klasse verfügte – die drei «C»: concepts, competence und connections –, in Macht ummünzte. Es verwundert nicht – denn das ist eine historische Konstante –, dass diese neue Klasse die traditionellen Institutionen als hinderlich für ihre Entfaltung betrachtet und der Meinung ist, sie müssten entweder zerschlagen oder ignoriert werden. Dasselbe geschah nämlich, als sich inmitten der Feudalgesellschaft die Stadt als der Ort neuer wirtschaftlicher Möglichkeiten für Kaufleute und Handwerker herausbildete.

Etwas Ähnliches vollzieht sich heute. Die Explosion der Informationstechnologie hat einer begrenzten Zahl von Menschen gewisse neue Möglichkeiten eröffnet. Freilich entstand daraus diese finanzielle Seifenblase, die jetzt geplatzt ist und die für eine Situation des wirtschaftlichen Wandels gleichfalls typisch ist. Aber auch nach den Zusammenbrüchen an der Börse bleibt eins bestehen: eine neue Kategorie von Personen, die eine neue Welt schaffen wollen und dabei sehr reich werden.

Ich finde diese soziale Gruppe äußerst interessant. Diese Leute reisen viel, überqueren ständig Grenzen, auch wenn sie in der Business Lounge eines Flughafens festsitzen und unaufhörlich per Handy telefonieren: «Wo bist du? In Honolulu? Du Glücklicher, ich sitze in Frankfurt fest. Aber der Vertrag ist abgeschlossen ...» Diese Klasse ist zwar zahlenmäßig relativ klein, aber das besagt nicht viel. Ich glaube nicht, dass zu der Zeit, als Marx das «Kommunistische Manifest» schrieb, mehr als ein Prozent der Bevölkerung Europas als Kapitalisten bezeichnet werden konnte. Und dennoch war dies seinerzeit unbestreitbar die dynamische Kraft der Welt. Ebenso wenig glaube ich, dass heute mehr als ein Prozent der Bevölkerung dieser globalen Klasse im engeren Sinn angehört. Es gibt jedoch eine große Anzahl von Personen, die um diese globale Klasse kreist, in ihren wirtschaftlichen und kulturellen Verhaltensweisen von dieser Klasse beeinflusst wird und deren Moden, Vorlieben und Verhaltensweisen nachahmt. Ich halte es nicht für übertrieben zu sagen, dass heute zwanzig Prozent der Bevölkerung in den wirtschaftlich hoch entwickelten Ländern im Schatten dieser Klasse leben. Ich meine nicht nur das Personal auf ihren Yachten im Mittelmeer oder die Bediensteten in ihren Villen in Acapulco, sondern all jene, die von ihren Tätigkeiten abhängig sind – von den «dot.coms» über die Medien bis hin zu Theater, Film und Sport – und die danach streben, früher oder später ebenfalls Teil der globalen Klasse zu werden. Denn diese bestimmt die Trends, weist die Richtung, übt kulturelle Hegemonie aus.

Es gibt bereits zahlreiche Bücher über dieses faszinierende Phänomen, das sich vor unseren Augen vollzieht. In einem dieser Bücher, einem ausgesprochen apologetischen Buch, werden die Vertreter dieser neuen Schicht als die «neuen Alchemisten» bezeichnet, die insbesondere auf die Jugend einen enormen Einfluss ausüben. Diese Schicht ist selbst jung, ich wage zu sagen, konstitutionell jung, denn die Vierzig-, Fünfzigjährigen scheiden aus der Gruppe aus, sie haben genug von diesem Lebensstil, sie geben ihre Positionen ab, kümmern sich um ihre Kinder oder fangen an, Bücher zu schreiben.

In welchem Sinn stellen sie eine Gefahr für die Demokratie dar?

In dem Sinn, dass sie die natürliche Tendenz haben, sich den traditionellen Institutionen der Demokratie zu entziehen. Bereits die Möglichkeit, sich in der Welt schrankenlos zu bewegen, ist eine tagtägliche Bestätigung sämtlicher Vorteile, die sich aus dem Überschreiten aller von demokratischer nationaler Politik gesetzten Grenzen ergeben.

Damit will ich beileibe nicht sagen, dass das Verhalten dieser Leute einzig und allein die Folge eines zynischen Strebens nach persönlicher Bereicherung ist. Es gibt sozusagen ein Klassenbewusstsein. Zu ihren Werten zählt die Meritokratie und ein Denken in langen Fristen einschließlich der Nachhaltigkeit von Entwicklung. Ich bin beispielsweise überzeugt, dass diese «Klasse» ein starkes ökologisches Bewusstsein besitzt und bestrebt ist, die globale Umwelt zu schützen. Alles, was «global» ist, erscheint ihr als gut. Was sie aber entschieden ablehnt, ist die nationale Dimension. Mit der «lokalen» Dimension dagegen scheint sie in Frieden zu leben, nicht in Widerstreit: Sie teilt die Liebe zur Natur, zum Haus auf dem Land, zur Landschaft, die sie umgibt, sie teilt die Vorliebe für biologische Nahrungsmittel, lokale Märkte und die dörfliche Gemeinschaft. Was sie dagegen als eine schlimme und anachronistische Behinderung ansieht, sind nationale Regierungen und ihre Gesetze. In diesem Sinn hat sie eine natürliche Tendenz, sich über Entscheidungen hinwegzusetzen, die auf der Ebene der traditionellen Institutionen der Demokratie getroffen werden.

Die andere Gefahr, die sich aus der Etablierung dieser globalen Klasse für die Demokratie ergibt, ist die zwangsläufige Zerstörung der traditionellen sozialen Solidarität, was neue Ungleichheiten zur Folge hat. Das setzt sich bis in die traditionellen Institutionen hinein fort. Neulich habe ich gelesen, dass dreißig Professoren der Universität Oxford millionenschwere Unternehmen (in Dollar oder Euro gerechnet) leiten, die Teil der Universität sind, also mit Finanzmitteln der Universität gegründet worden sind. An derselben Universität gibt es aber auch Hunderte von Dozenten, die höchstens fünfzigtausend Euro im Jahr verdienen und vergleichsweise arm sind. Eine soziale Spaltung dieser Größenordnung gab es nie zuvor in den großen Universitäten.

Das Problem der globalen Klasse besteht darin, dass eine Menge Leute nicht dazugehört, also ausgeschlossen wird. Die Schaffung neuer Ungleichheiten ist freilich ein Charakteristikum jeder kapitalistischen Entwicklung. Dasselbe geschah in den Anfängen der Industriegesellschaft. Mit einem Unterschied: Damals wurden die Armen von den Kapitalisten als Arbeitskräfte gebraucht. Die Armen von heute dagegen werden von der globalen Klasse nicht gebraucht.

In diesem Sinn handelt es sich hier um ein neues Phänomen und ein politisches Risiko. Nicht in dem Sinn, dass sich diese Klassen als Partei organisieren und in den Prozess der politischen Wahlen eingreifen würden. Es stimmt – und ich konstatiere das im Oberhaus, wo manche dieser Herren inzwischen sitzen, immer wieder mit großem Vergnügen –, dass politische Führer wie Tony Blair sich gern mit den Millionären der neuen globalen Klasse umgeben. Ich würde sogar sagen, dass dies die soziale Gruppe ist, von der vor allem die Idee eines Dritten Wegs angeregt wurde. Ihre Mitglieder geben den Parteien oft großzügige finanzielle Unterstützung, was sie allerdings keineswegs in den demokratischen Prozess einfügt. Was die globale Klasse auf der Ebene der nationalen Politik tatsächlich erreichen möchte, sind der Abbau von Reglementierungen und die Senkung von Steuern. Allein die Zugehörigkeit zu einem Land wird als lästig empfunden. Madonna lebt lieber in England als in den USA, aber um ihr Kind zur Welt zu bringen, geht sie nach Amerika, weil ihr die englischen Krankenhäuser nicht gefallen. Sie hat ganz bestimmt kein Interesse an der politischen Debatte über die öffentliche Finanzierung des Gesundheitswesens in Großbritannien.

Dies ist aber kein friedlicher Prozess. Die «nichtglobalen» Klassen reagieren. Da sind vor allem junge Leute, die ihr demokratisches Recht der Mitwirkung an den Entscheidungen schützen wollen, indem sie gegen die Globalisierung protestieren, die sie als einen inneren Gegner der Demokraten begrei-

fen. Viele dieser Globalisierungsgegner sind aufrichtig über-
zeugt, dass Nichtregierungsorganisationen demokratischer sind
als die demokratisch gewählten Regierungen.

Es gibt eine Episode, die ich gern erzähle, weil sie meines Erachtens die Situation genau beschreibt. Als der seinerzeitige
italienische Ministerpräsident Giuliano Amato eine solche De-
monstration in Washington erlebte und die Wortführer des
Protestes ihm sagten, dass sie das Volk vertreten, hielt er ihnen
entgegen: «Nein, ich vertrete das Volk, weil das Volk meine Regierung gewählt hat, um es zu vertreten, nicht euch.» Amato ist
ein kluger und ironischer Mann. Er wusste nur allzu gut, dass
die Demonstranten eine Vertretung der Völker der Welt for-
derten, während seine Regierung nur vom italienischen Volk
gewählt worden war. Und dennoch ist diese Episode eine nütz-
liche Erinnerung daran, dass es nach wie vor Nationalstaaten
und Parlamente gibt, die in vieler Hinsicht die einzigen Aus-
drucksformen einer großen zivilisatorischen Idee darstellen:
der Demokratie. Die Botschaft dieser Protestaktionen sugge-
riert, dass die Völker die Regierungen ablehnen, die sie selbst
gewählt haben, weil sie ihre Interessen nicht angemessen vertreten sehen.

Daraus ist eine Art von politischem Situationismus entstanden: Wo immer ein Treffen einer internationalen – privaten
oder öffentlichen – Organisation stattfindet, erleben wir eine
starke und aggressive Mobilisierung von Menschen aus unterschiedlichen Ländern, die durch die Globalisierung und das Internet oft überhaupt erst möglich wurde. Dies zeigt, dass wir in
einer globalisierten Welt keine effiziente Antwort auf die Frage
haben: Wie können die Völker ihren Willen zum Ausdruck
bringen? Es herrscht ein starkes, tief verwurzeltes und weit verbreitetes Gefühl, dass es so nicht weitergeht. Gewiss fahren
nicht alle, die dieses Gefühl haben, nach Seattle, nach Prag oder
nach Genua, um zu protestieren; aber die Demonstranten genießen eine Art universeller Sympathie. Und dies reicht bereits
aus, um ein ernstes politisches Problem zu schaffen.

Auf dieses Gefühl des Missbehagens gibt es zwei mögliche Antworten: Eine ist die positive Antwort der Nichtregierungsorganisationen, die sich als Instrument anbieten, den Völkern eine Stimme zu geben. Und eine andere ist die radikale Ablehnung der gegenwärtigen Prozesse und die Neigung zu einer romantischen Sehnsucht nach einer untergegangenen Welt, in der die nationale Politik noch die Wirtschaft kontrollierte. Ich habe die neueste Polemik von Vivianne Forrester gelesen und empfinde ihr Buch als ein trauriges Dokument. Wenn man darin Hinweise auf die Welt zu finden hofft, in der sie selbst leben möchte, wird man enttäuscht; man findet nur die Welt von gestern. Derartige Haltungen lassen mich an Deutschland an der Wende zum 20. Jahrhundert denken, als im Zuge der Industrialisierung ähnliche Phänomene des politisch gewendeten Kulturpessimismus entstanden. Eine romantische Kritik der Modernisierung beschwor auch damals die Erinnerung an eine angeblich bessere Welt in einer mythischen Vergangenheit. Das war ein starker emotionaler, antiaufklärerischer und nationalistischer Sog, der eine der geistigen Grundlagen für den nationalsozialistischen Mythos von «Blut und Boden» bildete.

Das ist es, was mir wirklich Sorgen bereitet. Paradoxerweise beunruhigen mich weit weniger die gewalttätigen Kundgebungen – auch wenn sie mir selbstverständlich nicht gefallen –, hinter denen doch wenigstens der Wille steht, «die Demokratie zu demokratisieren», um noch einmal Amato zu zitieren: das Bemühen, institutionelle Lösungen zu finden, die dem Volk Gehör verschaffen und ein System der Kontrollen aufbauen. Es ist sehr wichtig zu beobachten, welche dieser beiden Haltungen die Oberhand gewinnt. Denn vergessen wir nicht, dass auch im 21. Jahrhundert der antimoderne Fundamentalismus nach dem Beispiel der Taliban eine bedrohliche Option bleibt.

Glokalisierung

Eine weitere politische Reaktion auf die Globalisierung ist der Lokalismus. Er basiert auf der Vorstellung, dass die Demokratie auf lokaler Ebene besser funktioniert. Daher fordert er die Übertragung von Macht, Autonomie oder sogar Unabhängigkeit und sucht die Lösung in kleineren Gemeinschaften, in denen jeder seinem Nachbar vertrauen kann, weil er mit ihm Ansichten, Werte und manchmal auch ethnische Konnotationen teilt.

Der Lokalismus mag als eine fortschrittliche Idee erscheinen. Aber glauben Sie nicht, dass er eine Bedrohung für die Fundamente der Demokratie darstellt? Die große Idee des demokratischen Regierungssystems war doch letztlich die Schaffung eines für alle Menschen gleichen Aktionsfeldes, eines neutralen Staates, in dem jeder die gleichen Rechte und Pflichten hat, unabhängig von seiner kulturellen, politischen und ethnischen Herkunft.

Wir wissen, dass die Globalisierung eine ambivalente Tendenz ist; Menschen öffnen sich für die große weite Welt und suchen zugleich die Gewissheiten der unmittelbaren Nachbarschaft. Die Globalisierung führte damit auch zu einer verstärkten Hinwendung zum Lokalen, zu dem Bemühen, Entscheidungen auf diese Ebene zu tragen. Ich stimme den Ausführungen in Ihrer Frage voll und ganz zu, was die unechte Ebene des «Lokalen» betrifft. Das eine ist die Gemeinde, die Stadt, die historisch durch gemeinsame Interessen geprägte Gemeinschaft. Etwas anderes ist die Erfindung des «Lokalen», die heute so moderne Dimension der angeblich homogenen Regionen.

Ich bin überzeugt davon, dass dieser zweite Typus des Lokalismus mit der Demokratie, wie wir sie zu Beginn unseres Gesprächs beschrieben haben, nicht vereinbar ist. Und zwar aus mehreren Gründen. Eines der großen Themen unserer Epoche ist die Suche nach Homogenität, der Wunsch vieler, unter ihresgleichen zu bleiben, unter jenen, die ihnen in jeder Hinsicht am ähnlichsten sind. Eine der großen Stärken der Demokratie besteht jedoch darin, es möglich zu machen, dass ethnisch, religiös oder politisch unterschiedliche Menschen miteinander leben und gemeinsame Werte akzeptieren. Wenn wir alle in ethnisch homogenen Gemeinschaften leben würden, wäre dies zweifellos eine ziemlich schreckliche Welt; abgesehen davon, dass es vollkommene ethnische Reinheit gar nicht gibt. Auf Homogenität zielende Gemeinschaften tendieren unweigerlich zur Intoleranz nach innen und zur Aggression nach außen. Deshalb war auch die Überwindung des Lokalismus einer der großen Erfolge beim Aufbau der Nationalstaaten und ein überaus zivilisierender Faktor. Gewiss, es war ein komplizierter und schwieriger Prozess, der vielfach nicht von vollem Erfolg gekrönt war. Aber das war das Neue, mit dem die Vereinigten Staaten die internationale Bühne betraten, dass ihre Einheit nicht in erster Linie durch geographische oder historische (wie in Frankreich), sondern durch konstitutionelle Faktoren gestiftet wurde. In Großbritannien vollzog sich dieser Prozess langsamer und komplizierter, und ich glaube, man kann sagen, dass er in Schottland bis heute noch nicht abgeschlossen ist, von Irland ganz zu schweigen. Italien und Deutschland haben das Ziel der Bildung von Nationalstaaten erst mit Verspätung und unvollständig erreicht. Jedenfalls handelte es sich um eine große Errungenschaft der Moderne, die eng mit dem Aufbau der Demokratie verknüpft ist. Dieses Ziel setzten nicht nationalistische, sondern nationalliberale Bewegungen um, die mit Hilfe des Nationalstaates Institutionen aufbauten, um individuelle Freiheiten zu garantieren. Heute findet teilweise ein Rückschritt statt.

Das Phänomen, das wir gegenwärtig beobachten, ist nicht der Lokalismus im engeren Sinn, sondern vielmehr der Regionalismus, den ich ganz besonders ablehne, weil er die Werte der liberalen Ordnung auf heimtückische Weise bedroht. Wenn es nur um die Selbstbestimmung von Städten und Gemeinden ginge, wäre das Problem weniger brisant. Aber hier treten angebliche Verfechter einer regionalen Autonomie oder – in extremen Fällen – sogar Befürworter der ethnischen Säuberung auf den Plan.

Sie haben diese Tendenz als «Glokalisierung» bezeichnet…

Ja. Wir beobachten heute einerseits die Abwanderung politischer Entscheidungen von den Nationalstaaten nach außen, zu oftmals unbekannten und fernen Instanzen, andererseits und gleichzeitig eine Verlagerung der politischen Entscheidung nach innen, in Richtung auf politische Einheiten, die oft in sich nicht demokratisch sind. Ich denke dabei nicht nur an die Aggressivität von Leuten wie Bossi und Haider, sondern an einen diffusen regionalistischen Romantizismus, der nichts Liberales an sich hat. Das gilt auch für den schottischen oder walisischen Nationalismus.

Uns was halten Sie von der Idee der «Selbstbestimmung»? Tom Bentleys jüngst formulierte Antwort auf die Krise der Demokratie lautet: «Der einzige Ausweg ist die Rückkehr zur antiken demokratischen Idee der Selbstbestimmung.» Stimmen Sie ihm zu? Und was bedeutet «Selbstbestimmung»?

Die Selbstbestimmung ist eine bedeutsame Idee, die vor allem nach dem Ersten Weltkrieg Verbreitung fand. Aber sie ist auch ein zweischneidiges Konzept. Sie hat zwei verschiedene Bedeutungen angenommen, die man nicht verwechseln darf. Ursprünglich wollte die Idee der Selbstbestimmung einfach nur zum Ausdruck bringen, dass das Volk das Recht hat, sich selbst zu regieren, dass es aus Bürgern und nicht aus Untertanen besteht. Daher kann keine Oligarchie – weder die traditionelle Aristokratie noch eine moderne Nomenklatura – irgendeine Legitimität für sich beanspruchen. Es gibt eine grundsätzliche Volkssouveränität, und diese bildet die Basis der Demokratie.

Gewiss glaube ich an eine so verstandene Selbstbestimmung. Aber der Begriff hat eine zweite Bedeutung, die auf den ersten

Blick ähnlich scheint, in Wahrheit aber einen fundamentalen Unterschied ausmacht. Dieses zweite Verständnis bindet die Selbstbestimmung an feste politische Grenzen und fordert das Souveränitätsrecht für die Menschen, die innerhalb dieser Grenzen leben. Fast unmerklich wird damit aus dem Volk als den Bürgern ein Staatsvolk – ein Volk, das dann bald schon als eine ethnisch oder sonstwie homogene Gruppe verstanden wird. Die in diesem Sinn verstandene Selbstbestimmung war seit den zwanziger Jahren des 20. Jahrhunderts die Ursache für viel Unheil. Sie steht hinter der Praxis der «ethnischen Säuberung». Sie führt zur Bildung politischer Einheiten – Staaten –, die den eigenen Minderheiten gegenüber intolerant und den Nachbarn anderer ethnischer Zugehörigkeit gegenüber aggressiv sind.

Der Balkan hat viele Beispiele für diesen Irrweg geliefert. Denken Sie nur an Mazedonien, an die frühere jugoslawische Republik. Natürlich haben ethnische Albaner in ihr dasselbe Recht, sich an der Regierung ihres Landes zu beteiligen wie die serbischen Bürger. Das und nur das ist die Selbstbestimmung des gesamten Volkes in einem Land. Aber es ist eine gefährliche Umkehrung dieses Prinzips, daraus zu folgern, dass die Albaner – oder auch die Serben – Mazedoniens das Recht auf einen eigenen Staat hätten, auf ein albanisches oder ein serbisches Mazedonien. Wenn dieses Verständnis um sich greifen würde, käme es zur Zersplitterung der Welt in aggressive und intolerante Ministaaten und zum Ende jenes großen Fortschritts, den heterogene, aus Bürgern mit gleichen demokratischen Rechten bestehende Nationalstaaten in die Geschichte der Menschheit eingebracht haben.

Vielleicht gibt es eine unaufhaltsame historische Tendenz, die in diese Richtung weist...

Hier und da wird die Meinung vertreten, dass diese Zersplitterung tiefe historische Wurzeln hat und zu nichts anderem als einer Neuformierung historisch definierter Einheiten führt.

Selbst wenn dies stimmen würde, erschiene es mir nicht als ein überragendes Argument. Denn wer möchte tatsächlich zu historischen Strukturen zurückkehren, die so viele Eroberungs- und Unterdrückungskriege ausgelöst haben? Aber das Argument ist nicht einmal richtig. Die neuen «ethnisch gesäuberten» politischen Einheiten sind nämlich in Wirklichkeit das Produkt einer modernen Welt, in der skrupellose Führer das Volk mobilisieren oder verängstigen, um ein persönliches Ziel zu erreichen: die Macht. Historisch gesehen haben Albaner und Serben im Territorium Mazedoniens relativ friedlich zusammengelebt; erst die modernen Demagogen zerstören den Frieden, um sich selbst eine Machtbasis aufzubauen. In diesem Sinn kann ein neuer «ethnisch reiner» Regionalismus sehr wohl als ein Nebenprodukt der Globalisierung beschrieben werden.

Um zu Ihrer Ausgangsfrage zurückzukehren: Ich kann verstehen, weshalb ein junger fortschrittlicher Theoretiker wie Tom Bentley von kleinen staatlichen Einheiten träumt, die sich selbst regieren. Er denkt wahrscheinlich an das Athen oder Rom der Antike, an die italienischen Stadtrepubliken der Renaissance oder an Hansestädte wie meine Heimatstadt Hamburg. Aber diese politischen Einheiten können schwerlich als Beispiele einer Selbstbestimmung im vollen demokratischen Sinn betrachtet werden. Es waren vielmehr Oligarchien, in denen nur eine kleine Minderheit gut situierter Bürger die vollen Rechte innehatte. Bestenfalls sind sie eine vorweggenommene Form der modernen Selbstbestimmung, auch im Sinne der Selbstbestimmung einer heterogenen Bürgerschaft. Aber da die Frauen ebenso wenig wie die Armen politische Rechte besaßen und in der Antike zudem die Sklaverei herrschte, taugen diese Regierungsformen wohl kaum als Modell für eine demokratische Selbstbestimmung in unserer Zeit.

Lassen Sie mich verdeutlichen, was ich damit sagen möchte, denn dies ist ein entscheidender Punkt unserer Diskussion zum Thema Demokratie. Selbstbestimmung könnte eine Umschreibung für die optimale Demokratie sein. Dies gilt insbesondere für die Länder, in denen eine heterogene Einwohnerschaft sich aktiv an der Bewältigung der öffentlichen Aufgaben beteiligt. Die Vereinigten Staaten von Amerika sind ein vorzügliches Beispiel. Das Gleiche gilt für viele der Nationalstaaten in dem Sinn, in dem ich diesen Begriff bisher benutzt habe, darunter natürlich Italien, Großbritannien und andere europäische Länder.

Der Begriff Selbstbestimmung im engeren Sinn kann auch für genuin lokale Gemeinschaften verwendet werden, also für jene Einheiten, die eine unverwechselbare Identität besitzen wie Dörfer, Gemeinden, auch größere Städte. Sind diese Einheiten klein genug, so nimmt die Selbstbestimmung sehr konkrete Züge an: Die Bevölkerung beteiligt sich an der Bewältigung der Aufgaben auf vielfältige Weise, nicht nur, indem sie öffentliche Ämter bekleidet. Größere Einheiten – und dazu zähle ich auch die großen Metropolen der Welt – liefern ein Modell dafür, wie eine stark heterogene Bevölkerung zusammenleben und sich in gewisser Weise auch selbst regieren kann. Ich denke hier an meine Wahlheimat London, die ein Mikrokosmos im wahrsten Sinne des Wortes ist, ein Spiegel der großen weiten Welt, und die versucht, sich selbst zu regieren, wenn auch nicht immer erfolgreich, aber zumindest versucht sie es.

Auf halbem Weg zwischen Nationalstaat und lokaler Gemeinschaft jedoch stehen die Regionen, die für Demagogen und skrupellose politische Führer eine Verlockung darstellen. Im Namen der Selbstbestimmung möchten sie Grenzen ziehen. Oft sind sie bereit, zum Mittel der Gewalt zu greifen, um ihr Ziel zu erreichen. Haben sie Erfolg, so ist die neu entstehende Einheit stets weniger liberal als die, die vor der Sezession bestanden hat. Dieser Missbrauch der Idee der Selbstbestimmung stellt eine der großen Bedrohungen für die Demokratie heute dar und ist äußerst schwer zu bekämpfen; darum habe ich diese Gefahr hier mit einer gewissen Leidenschaft geschildert.

Europa

Wir Europäer bekommen fast täglich vor Augen geführt, wie extrem schwer es ist, in einer übernationalen Organisation Demokratie zu praktizieren; ich meine die Europäische Union. Offenbar ist keiner der traditionellen Mechanismen der demokratischen Regierungsform auf diese Ebene übertragbar. Es ist nicht einmal möglich, sich auf eine gemeinsame Formulierung des Mehrheitsprinzips zu einigen, wie man in Nizza gesehen hat.

Warum ist es eigentlich so schwer, in der Europäischen Union Demokratie zu praktizieren?

Dies ist in mehrfacher Hinsicht die faszinierendste Frage, der wir heute gegenüberstehen. Von Demokratie in Europa zu sprechen heißt von Europa zu sprechen, davon, was es tatsächlich ist und was nicht. Es gibt noch immer Idealisten und Eurofanatiker, die glauben, die Europäische Union könne sich in eine Art überdimensionalen Nationalstaat verwandeln: die Vereinigten Staaten von Europa. Aber eine stetig wachsende Zahl von Europäern, zu denen auch ich mich zähle, ist der Ansicht, dass dies nicht die richtige Beschreibung dessen ist, was Europa ist oder werden könnte. Die Staaten, die zu Europa gehören, haben mit den dreizehn ehemaligen Kolonien wenig gemeinsam, die sich in Philadelphia versammelten und sich sagten: Es gibt zwar zahlreiche Unterschiede zwischen uns, aber unsere Gemeinsamkeiten sind größer als unsere Unterschiede, und deshalb brauchen wir eine Zentralregierung, um diesen Gemeinsamkeiten Ausdruck zu geben.

In Europa ist die Situation eine andere. In Europa haben wir eine Vielzahl von Ländern – wir wissen noch nicht, wie viele, aber ich hoffe, dass es bald fünfundzwanzig sein werden – jedes mit einer langen Geschichte, die ganz gewiss etwas gemeinsam haben, wenn auch sehr viel weniger als das, was die dreizehn Staaten einte, die Ende des 18. Jahrhunderts die Vereinigten Staaten von Amerika begründeten. Was auch immer aus Europa wird, es wird mit Sicherheit etwas anderes sein als die Vereinigten Staaten von Europa.

Sie kennen bestimmt den längst nicht mehr neuen Scherz, wonach die Europäische Union, stellte sie einen Aufnahmeantrag in die EU, abgewiesen werden müsste, weil sie selbst nicht die Kriterien erfüllt, die sie an die neuen Beitrittsländer stellt. Denn die Struktur der EU entspricht nicht den demokratischen Kriterien, die sie von Polen, Ungarn oder Slowenien verlangt. Wir sehen uns der historischen Absurdität gegenüber, dass das, was wir unter anderem geschaffen haben, um die Demokratie zu stärken, selbst nicht demokratisch ist.

Und warum ist es nicht demokratisch? Die Antwort liegt teilweise in der Grundkonzeption selbst begründet. Es besteht kaum ein Zweifel, dass zu dem Zeitpunkt, als die Europäische Wirtschaftsgemeinschaft geschaffen wurde – und noch vor ihr die Europäische Gemeinschaft für Kohle und Stahl – die Demokratie nicht die vorrangige Sorge derer war, die dieses neue Gebilde entwarfen und aufbauten. Im Mittelpunkt stand vielmehr die Notwendigkeit, einen effizienten Mechanismus zu schaffen, um Entscheidungen treffen zu können. Was dabei herauskam, war eine typisch französische Lösung: Es mussten zwei Kategorien von Interessen miteinander in Einklang gebracht werden, die Interessen Europas und die nationalen Interessen. Daher bedurfte es auch zweier Institutionen: Die eine, die das europäische Interesse vertritt und die Aufgabe hat, Vorschläge zu machen; eine zweite, die die nationalen Interessen vertritt und Entscheidungen trifft. So entstanden die Kommission und der Ministerrat. Eine brillante Idee, die aber alles andere als demokratisch war. Europa wurde in der Weise aufgebaut, dass die europäischen Interessen in der Kommission eine Instanz haben, die alles Nationale hintanstellt, dass aber die Entscheidungen im Rat getroffen werden, wo die nationalen Interessen Kompromisse suchen. Aus diesem Grund galt auch von Anfang an die Regel der Einstimmigkeit, bleibt Nichteinstimmigkeit nach wie vor ein Trauma.

Ich füge hinzu, dass meiner Ansicht nach die «Versammlung», die anfangs aus Vertretern der Parlamente der Mitgliedsländer zusammengesetzt war, nur eine nachträgliche Ergänzung der ursprünglichen Konzeption war und für die Entscheidungsstruktur letztlich nicht einmal notwendig: und so wurde sie lange auch behandelt.

Allerdings haben sich die institutionellen Strukturen Europas sehr verändert...

Bisher gab es nur Modifikationen und Umarbeitungen der ursprünglichen Konzeption. Aber die Geburtsurkunde, die genetische Ausstattung, die DNA Europas ist dieselbe geblieben. Was habe uns diese Anpassungen gebracht? Eine Schwächung der Kommission und in der Folge eine Eintrübung der ursprünglichen Idee des «europäischen Interesses». Eine Stärkung des Rats, der neben der Entscheidungsbefugnis immer mehr die gesetzgeberische Initiative übernimmt. Und unbestreitbar auch eine Stärkung der Versammlung, die sich mit dem System des «Co-decision-making» in eine Art Parlament verwandelt hat, obwohl sie nach wie vor wesentlich weniger Macht besitzt als ein echtes Parlament. Nichts von alledem hat jedoch demokratische Strukturen geschaffen. Lassen Sie es mich mit aller Deutlichkeit sagen: Ein politisches Gebilde, das im Geheimen Gesetze beschließt, in Ministerratssitzungen hinter verschlossenen Türen, ist eine Beleidigung für die Demokratie. Dies ist ein Gebilde, das Entscheidungen außerhalb aller traditionellen demokratischen Institutionen trifft.

Wie wichtig sind diese auf wenig demokratischem Weg getroffenen Entscheidungen? Hier muss man aufpassen, dass man nicht den Fehler macht, sie zu überschätzen. Eines der großen Probleme Europas ist die Kluft zwischen der vollmundigen Sprache der Präambeln – angefangen mit der feierlichen Verpflichtung zur Schaffung eines «immer engeren Zusammenschlusses», wie es in den Römischen Verträgen heißt, bis zu den großen Reden von Präsidenten und Außenministern –

und der Realität, die doch recht anders aussieht. Nur 1,2 Prozent des europäischen Bruttoinlandsprodukts wird von der Europäischen Union verwaltet, während die Mehrheit der Mitgliedstaaten mehr als 40 Prozent des Bruttoinlandsprodukts ihrer Länder zur Verfügung hat. Ich glaube, dass die Entscheidungen, von denen wir im Zusammenhang mit der Globalisierung gesprochen haben, von sehr viel größerem Einfluss auf das Leben der Bürger Europas sind als die Entscheidungen der Europäischen Union.

Wenn die Europäische Union eine echte Demokratie wäre, müsste sie Antworten auf die drei Fragen finden können, die wir zu Beginn unseres Gesprächs formuliert haben. Indes, wenn wir die dritte dieser Fragen betrachten – die Frage, wie das Volk seinen Willen zum Ausdruck bringen kann – erkennen wir rasch, dass sie auf die EU gar nicht übertragbar ist, weil es ein «europäisches Volk», einen europäischen «demos» für eine europäische Demokratie gar nicht gibt. Doch dies ist eine kulturelle Grundvoraussetzung, ja eine conditio sine qua non für den Aufbau von Institutionen, die denen der nationalen Demokratien entsprechen. Ein Beispiel: Italien ist vielleicht das einzige Land, in dem die Parteien gelegentlich versucht haben, nichtitalienische Kandidaten ins europäische Parlament zu wählen. Maurice Duverger wurde gewählt, David Steel nicht. Aber gerade die Zögerlichkeit und die Erfolglosigkeit dieser Versuche sind ein Beleg dafür, dass es so etwas wie ein «europäisches Volk» gar nicht gibt. Dies ist ein sehr ernstes Problem, das viele veranlasst, eine stärkere Beteiligung der repräsentativen nationalen Parlamente an den Entscheidungsprozessen in Europa zu fordern.

Im ersten meiner «Demokratietests» habe ich gefragt, wie man Veränderungen ohne Gewalt gewährleisten kann. Wie könnte das in der Europäischen Union aussehen? Erinnern Sie sich, wie schwierig es war, die Santer-Kommission abzulösen? Es war eine groteske Situation: Die Kommission wurde im März «entlassen», aber auf dem EU-Gipfel in Köln im Juli war sie noch dabei und auch im September noch in Funktion. Einige ihrer Mitglieder wurden in der Nachfolgekommission in ihrem Amt bestätigt. Jedenfalls war dies kein sehr eindrucksvolles Exempel. Das Problem liegt darin, dass die Regierungsaufgaben in der Europäischen Union diffus und zersplittert sind. Wenn man einen Wechsel möchte, weiß man gar nicht, wen man austauschen soll. Und im Rat finden sowieso die eigentlichen Veränderungen eher im Zuge der nationalen Wahlen statt, durch die zuweilen neue Leute in Amt und Würden kommen.

Bleibt die Frage der Kontrollen, der «checks and balances», die meines Erachtens verbessert werden könnten. Ich werde später darauf zurückkommen. Meine Grundüberzeugung jedoch bleibt, dass die Art und Weise, wie in Europa Entscheidungen getroffen werden – bisweilen wichtige Entscheidungen –, nicht mit den Prinzipien der Demokratie in Einklang steht. Schlimmer noch, die institutionellen Lösungen, die wir auf der Ebene der nationalen Demokratien für diese Probleme kennen, sind auch in Zukunft nicht auf Europa anwendbar.

Aber es muss doch eine Möglichkeit geben, neue institutionelle Lösungen zu finden, um die Macht innerhalb einer europäischen Föderation zu teilen und ihr demokratische Legitimation zu verschaffen. Was halten Sie beispielsweise von der Idee, den Kommissionspräsidenten oder die EU-Regierung direkt zu wählen?

Offen gestanden sehe ich darin keine Lösung. Wenn ich über mögliche Lösungen nachdenke, fallen mir eher jene Institutionen ein, in denen die nationalen Interessen vertreten sind, also nicht die Kommission. In der Tat glaube ich nicht, dass die Kommission in einem demokratischeren Europa eine große Zukunft hat. Ich glaube auch nicht, dass wir zu einer Situation zurückkehren werden, in der das alleinige Initiativrecht fest in den Händen der Kommission liegt. Ich habe mich ausführlich mit diesem Thema beschäftigt, weil ich ja selbst EU-Kommissar war. Brüssel schien nur in den Zeiten mächtig zu sein, in denen es ein klares, vordringliches Ziel hatte.

Es gab zwei solcher Phasen: einmal in den Anfängen der Gemeinschaft, als der «Gemeinsame Markt» das vorrangige Ziel der sechs Gründerstaaten war; zum anderen in der Ära Delors, als es um den Aufbau des «Binnenmarktes» ging. In beiden Fällen war es nicht die Kommission, die die Ziele definierte; aber sie zog Kraft aus der Tatsache, dass die Realisierung der Ziele in ihren Händen lag. In beiden Fällen verfügte die Kommission also über die Macht, den Prozess voranzutreiben, auch wenn am Ende alles von Entscheidungen der Mitgliedstaaten abhing. Im zweiten Fall, bei der Schaffung eines Binnenmarktes, war das Ziel sehr viel komplexer, bei der Realisierung erwies sich Delors als der bisher beste Kommissionspräsident überhaupt. Er schaffte es, für eine Vielzahl von Regelungen Zustimmung zu finden, so dass noch heute die so genannten «Integrationisten» innerhalb des damals erkämpften Terrains wirken. Delors erweiterte sozusagen das Zelt, das die Regierungen aufgeschlagen hatten. Aber sobald man das Zelt des Binnenmarktes verlässt und neue Wege beschreitet – mit dem Schengener Abkommen ebenso wie in der Außen- und Verteidigungspolitik – schrumpft die Macht der Kommission und die Entscheidungsbefugnis geht in andere Hände über, oft in die Hände von Sonderbeauftragten des Ministerrates, wie im Fall von Xavier Solana.

Aber die Prodi-Kommission hat doch einen großen und historischen Plan zu erfüllen: die EU-Erweiterung. Könnte dies nicht eine neue Stafette sein?

Es wird in der Tat interessant sein zu sehen, wie weit und wie bald dies erreicht wird. Aber ich mache mir keine großen Illusionen. Im Unterschied zum Binnenmarkt, der einem europäischen Interesse entsprach, ist die EU-Erweiterung einer jener Fälle, in denen die nationalen Interessen stärker in den Vordergrund treten und mehr Gewicht haben. Ich erinnere mich an eine Diskussion in der Kommission über den Beitritt Großbritanniens. Ich saß als Vertreter Deutschlands neben einem französischen Kommissar. Und der sagte: «Klipp und klar: Wenn die Mitgliedstaaten wollen, dass die Beitrittsverhandlungen mit London scheitern, habe ich hier eine Reihe von Fragen, die unausweichlich zu einem Scheitern der Verhandlungen führen werden.» In solchen Angelegenheiten hat die Kommission bestenfalls die Macht zur Blockade. Aber als die Regierung in Paris Großbritannien den Weg freigab, ließen der französische Kommissar und die gesamte Kommission plötzlich alle Einwände fallen. In gleicher Weise gibt es heute zahlreiche Probleme, an denen die Beitrittsverhandlungen mit Polen scheitern könnten. Aber nicht die Komission wird entscheiden, ob diese Verhandlungen erfolgreich sind oder nicht.

Die Aufgabe der Kommission endet da, wo die politischen Entscheidungen des Ministerrats beginnen, und wird immer mehr auf den Binnenmarkt beschränkt werden. Die Kommission ist in gewisser Weise die Sachwalterin des Binnenmarkts. Alles Übrige bedarf anders gearteter Institutionen. Selbst ein so mächtiger und unabhängiger Kommissar wie Mario Monti bezieht seine Stärke aus der Tatsache, dass er als Garant des Wettbewerbs innerhalb des Binnenmarktes agiert. Beschäftigte er sich beispielsweise mit den Außenbeziehungen, wäre er bloß ein Agent der Regierungen, das genaue Gegenteil dessen, was er jetzt ist. Die Kommission hat meines Erachtens die Grenzen ihrer Kompetenz erreicht, und daher glaube ich nicht, dass sie in Zukunft noch eine wichtige Rolle spielen wird. Die neuen Ideen, die heute im Umlauf sind, zielen auf institutionelle Strukturen, die dem Vorbild des deutschen Föderalismus nachgebildet sind: der Ministerrat und das Parlament als die beiden Kammern Europas – die eine als Länderkammer und die andere als die Kammer von etwas, von dem erhofft wird, dass es eines Tages das europäische Volk sein wird. Es ist fraglich, ob dieses System als repräsentativer für die öffentliche Meinung angesehen werden kann, aber es erscheint mir immerhin als ein Versuch, die europäischen Institutionen denen einer echten parlamentarischen Demokratie anzunähern.

Dies ist das genaue Gegenteil dessen, was Romano Prodi vertritt…

Meines Erachtens hat Prodi sein Amt falsch interpretiert. Er ist übrigens der zweite Kommissionspräsident, der diesen Fehler macht; der erste war Roy Jenkins. Beide glaubten oder glauben, das Amt des Kommissionspräsidenten sei in gewisser Weise gleichbedeutend mit dem eines Ministerpräsidenten. Das ist ein Irrtum. Der Kommissionspräsident steht an der Spitze einer Institution, die die von den Regierungschefs getroffenen Entscheidungen umzusetzen hat. Daher sehe ich keinen Sinn darin, den Präsidenten direkt zu wählen. Auch nicht unter dem Aspekt der demokratischen Legitimation. Wir würden ja die Europäer auffordern, einen Kandidaten zu wählen, den drei Viertel der Wählerschaft nicht einmal kennt oder der ihnen nichts bedeutet. Freilich, die Tatsache, dass die Direktwahl keinen Sinn hat, heißt nicht, dass es nicht doch dazu kommen könnte. Fast alle europäischen Entscheidungen sind das Ergebnis von Kompromissen zwischen den Regierungen. Daher lässt sich nicht ausschließen, dass eines Tages Frankreich im Austausch für die Beibehaltung der EU-Agrarpolitik Deutschland Zugeständnisse macht hinsichtlich neuer institutioneller Lösungen. Selbst der in Nizza gefasste Beschluss, eine Europäische Verfassung im Rahmen einer neuen EU-Regierungskonferenz im Jahr 2004 zu beschließen, ist das Ergebnis eines Tauschhandels: Da Berlin im Rat nicht mehr Stimmrecht als Frankreich erhalten hat – trotz der größeren Bevölkerungszahl Deutschlands –, wurde es mit diesem Versprechen entschädigt.

Kehren wir zu den Klassikern zurück. Stimmen Sie John Stuart Mill zu, der gesagt hat, dass «freie Institutionen in einem Staat, der aus verschiedenen Nationalitäten besteht, nahezu unmöglich sind. Unter einer Bevölkerung ohne gemeinschaftliches Gesamtgefühl, besonders wenn sie in verschiedenen Sprachen lesen und sprechen, kann jene einheitliche öffentliche Meinung

nicht bestehen, welche eine wesentliche Bedingung für die
Wirksamkeit einer Repräsentativregierung ausmacht»?

Ich stimme ihm zu, allerdings würde ich etwas ergänzen: «Freie
Institutionen sind in einem Staat, der aus *vollkommen* verschiedenen Nationalitäten besteht, nahezu unmöglich» – ver-
schieden im kulturellen, historischen und ökonomischen Sinn.
Ich stimme Mill zu, wenn wir den Begriff «Nationalität» so
verwenden wie er – und nicht im heutigen Sinn. Ich glaube
beispielsweise, dass in der Schweiz Demokratie durchaus praktikabel ist, obwohl dort unterschiedliche Nationalitäten zusammenleben. Selbst das Vereinigte Königreich besteht aus unterschiedlichen Nationalitäten. Aber keines der beiden Länder
ist auch nur entfernt mit der Europäischen Union vergleichbar.
Nicht mit der Europäischen Union, wie sie heute beschaffen
ist, und noch viel weniger mit einer EU, wie sie morgen, nach
der Erweiterung, beschaffen sein wird.

Trotzdem hat Europa seine größten Erfolge dann errungen,
wenn es weniger demokratisch zuging. Wären die Völker Euro-
pas gefragt worden, ob sie den Euro wirklich wollen, hätten wir
heute womöglich keine gemeinsame Währung. Könnte dies
nicht bedeuten, dass das Projekt Europa von seinem Wesen her
undemokratisch ist?

Das stimmt, wenn wir die Demokratie mit den Maßstäben der
parlamentarischen Regierung der Nationalstaaten messen.
Jenseits der Nationalstaaten finden wir keine Institutionen, die
für die Demokratie geeignet sind. Freilich ist dies kein Argument, das uns hindert, uns über die Demokratie in Europa Ge-
danken zu machen. Im Gegenteil, dieses Problem muss für uns
ein Antrieb sein, die Prinzipien der Demokratie neu zu überdenken und uns zu fragen, wie sie in dieser neuen Situation, in
der sich die Welt über die Nationalstaaten hinaus erweitert,
umgesetzt werden können.
  Wir müssen institutionelle Formen suchen und finden, die

sich diesen Prinzipien so weit wie möglich annähern. Wir werden feststellen, dass jenseits der nationalstaatlichen Ebene ein Prinzip am schwierigsten angewendet werden kann: dasjenige, das die Rolle des Volkes als Protagonist des politischen Handelns betrifft – seine Souveränität, seine Möglichkeit, die eigene Meinung und den eigenen Willen zum Ausdruck zu bringen. Wir können Wege für einen gewaltlosen Wechsel finden; wir können Mittel finden, ein wirksames System der Kontrollen zu errichten. Aber wir werden keine Möglichkeit finden, der Stimme des Volkes Gehör zu verschaffen. Dies ist das grundlegende Problem der Demokratie, das uns in den nächsten Jahrzehnten weltweit begegnen wird; denn die Leute wollen ihre Meinung sagen, und wir haben keine Ahnung, wie dies auf supranationaler Ebene geschehen kann, es sei denn durch lautstarke Demonstrationen, durch die Medien, die zwar einflussreich sind, aber deren Legitimation gleichfalls umstritten ist, oder durch Diskussionen im Internet, was ein wichtiges, aber gewiss nicht ein genuin demokratisches Medium ist, allein schon deshalb, weil, angefangen mit mir selbst, viele Menschen gar nicht daran teilnehmen.

Ehrlich gesagt, sieht es gar nicht so aus, als seien die Völker Europas an der Debatte über die zukünftigen Institutionen der Europäischen Union besonders interessiert. Im Gegenteil, die EU-Gipfel zählen zu den am wenigsten beachteten internationalen Veranstaltungen, ja sie bleiben sogar von Demonstrationen verschont.

Das ist richtig, und es ist ein interessantes Phänomen. Nehmen wir zum Beispiel den Euro. Manche sehen in der Einführung des Euro die Vervollständigung des Binnenmarktes. Andere sehen in der gemeinsamen Währung den Beginn der politischen Einheit. Und trotzdem wird er von den Leuten eher als eine technische Frage angesehen. Selbst in England, wo die Debatte mit großer Heftigkeit geführt wird, haben die Parteien den Euro nicht in den Mittelpunkt ihres Wahlkampfes gestellt. Wer dies versucht hat, wie zum Beispiel die Konservativen, musste bald einen Rückzieher machen. Die Politiker wissen, dass die Leute, die jeden Morgen zur Arbeit gehen, alles Mögliche im Kopf haben – das Schicksal ihrer Firma, die Schule ihrer Kinder, das Krankenhaus, in dem die Mutter behandelt wird –, nur nicht den Euro. Ich würde sogar sagen, dass – insbesondere in Kontinentaleuropa – die Menschen die gemeinsame Währung als eine der vielen technischen Entscheidungen betrachten, die Europa trifft. Und sind die Banknoten erst einmal gedruckt, wird sich dieser Prozess noch verstärken; der Euro wird nicht mehr sein als eine Währung – etwas, über das man sich im Allgemeinen nicht sonderlich aufregt.

Trotzdem ist es eine merkwürdige Situation. Wir alle sind überzeugt, dass die Wirtschaft das einzige ist, was zählt: «It's the economy, stupid.» Dann aber stellen wir fest, dass es in Europa sehr viel einfacher ist, eine Wirtschafts- und Währungsunion aufzubauen als die politische Union. Als läge den Menschen letztlich mehr an ihrer politischen Unabhängigkeit als an der Unabhängigkeit ihrer Währung.

Ist dies vielleicht der Beweis dafür, dass die europäischen Völker noch immer von einem starken «demokratischen Instinkt» beseelt sind?

Europa bedeutet für die Menschen zweierlei: einmal technische Maßnahmen, die notwendig sind für die internationale Zusammenarbeit. Niemand hat etwas gegen die Vereinheitlichung von Maßen und Gewichten. Niemand zweifelt daran, dass es sinnvoll ist, wenn der italienische Meter genauso lang ist wie der französische Meter (obwohl es in Großbritannien noch immer viele Leute gibt, die sich einbilden, der Verzicht auf «Zoll» und «Fuß» sei ein furchtbarer Souveränitätsverlust). Zum anderen ist da die Politik, die in jedem Land von den nationalen Politikern verkörpert wird; die Menschen möchten diese Politiker behalten, weil sie Teil eines elementaren demokratischen Empfindens sind: Sie haben sie gewählt, sie können sie abberufen. Hinzu kommt, dass viele Europäer, insbesondere auf dem Festland, die Wirtschaft als etwas «Technisches» betrachten, ähnlich wie Maße und Gewichte. Das ist möglicherweise ein Irrtum. Die Wirtschaftssysteme der Länder haben auch spezifische kulturelle Aspekte. Nehmen wir ein paradoxes Beispiel: Was würden die Italiener sagen, wenn Brüssel plötzlich den Familienunternehmen Beschränkungen auferlegen würde, weil sie dem korrekten Funktionieren einer modernen, auf Aktienbesitz basierenden Wirtschaft im Wege stehen? Das wird freilich nicht geschehen; ich sage es nur, um zu verdeutlichen, dass es auch in den wirtschaftlichen Werten grundlegende kulturelle Unterschiede gibt. Bisher jedoch wurde der Binnenmarkt nicht als eine Bedrohung dieser Werte betrachtet. Er galt als etwas Technisches, nicht als etwas Emotionales. Meine Theorie zum Euro lautet, dass das Geld, das einstmals mit Emotionen besetzt war, heute diese symbolische Bedeutung verloren hat, weil man mit Kreditkarten bezahlt, viel reist, Dollars als Zahlungsmittel verwendet und auch kein Problem damit hat, morgen statt mit Lire oder Francs mit Euros zu bezahlen. Auf lange Sicht glaube ich aber, dass das eintreten wird, was der Nobelpreisträger Robert Mundell prophezeit hat: eine einheitliche globale Währung in nicht allzu ferner Zukunft.

Freilich, die Grenzen dieser beiden Sichtweisen verschieben sich ständig, und man wird sehen müssen, was in Zukunft passiert, das heißt, welche anderen Bereiche des öffentlichen Lebens in Zukunft als rein technische Fragen betrachtet werden. Es ist beispielsweise interessant zu beobachten, was sich im Verteidigungssektor vollzieht. Europa nahm seinen Ausgangspunkt bei der Wirtschaft, weil im französischen Parlament der Plan einer Verteidigungsgemeinschaft gescheitert ist. Heute wird dieser Plan erneut aufgegriffen. Und Umfragen zufolge haben sich auch hier die Grenzen zwischen dem Technischen und dem Emotionalen verschoben, denn der Widerstand der öffentlichen Meinung gegenüber der Idee einer gemeinsamen Verteidigung als einem natürlichen Aspekt der internationalen Zusammenarbeit ist geringer geworden.

Glauben Sie nicht, dass so etwas wie ein europäischer Patriotismus entstehen könnte, wenn auch langsam und mühevoll?

Dafür sehe ich keine Anzeichen. Ich erlebe oft, dass junge Deutsche oder Engländer aus Ecuador oder Osttimor zurückkommen und mir mit aller Entschiedenheit sagen: Außerhalb von Europa habe ich begriffen, dass ich Europäer bin. Ich frage sie dann: Wollt ihr damit sagen, dass ihr euch in Saloniki oder in La Coruña wie zu Hause fühlt? «Na ja, mehr oder weniger», lautet dann die wenig überzeugende Antwort. Ich befürchte, die Begeisterung für Europa beschränkt sich auf die banale Feststellung, Ecuador oder Osttimor seien anders als das Land, in dem sie selbst leben. Für einen europäischen Patriotismus ist das zu wenig.

Doch es geschieht jetzt etwas Neues. Kürzlich traf ich in Italien mit einer Gruppe von Geschäftsleuten zusammen. Wir machten eine kleine Umfrage. Ich wollte von ihnen wissen: «Zu welchem Zweck sollten wir eine immer engere europäische Union haben?» Ich bot verschiedene Optionen an. Die eine lautete: «um neue Kriege zu verhindern», eine andere: «um den Wohlstand zu verbessern», eine weitere: «um Deutschland unter Kontrolle zu halten». Das Ergebnis hat mich überrascht, weil an zweiter Stelle nach «Wohlstand» (das 60 Prozent der Stimmen erhielt) 30 Prozent der Befragten antworteten, das Ziel einer stärkeren europäischen Einheit sei die größere Wettbewerbsfähigkeit gegenüber den Vereinigten Staaten. Und wir sprechen von Italien, einem Land, das keine antiamerikanischen Gefühle hegt. Dieser Aspekt des Wettbewerbs mit Amerika gewinnt zunehmend an Bedeutung. Er findet ein Echo sogar in den Zeitungen, wo das Szenario einer Schlacht zwischen den Währungen Euro und Dollar gezeichnet wird. Eigentlich ist es ziemlich idiotisch, das Marktgeschehen als einen Krieg zu betrachten; dies ist das Letzte, was wir brauchen. Aber eine solche Denkweise verrät eine Geisteshaltung.

Aus Ihrer Analyse geht hervor, dass Sie das Fehlen einer europäischen politischen Klasse als eines der Probleme Europas betrachten. Kürzlich machte Giuliano Amato den Vorschlag, europäische Persönlichkeiten in eine demokratische Debatte einzubinden, an der auch die Öffentlichkeit teilnimmt, um Überzeugungsarbeit zu leisten ähnlich wie in den Vereinigten Staaten bei den «Federalist Papers». Sehen Sie darin eine Möglichkeit?

Das Fehlen einer europäischen politischen Klasse war von Anfang an eine der großen Schwächen Brüssels. Die sorgsam gehegte Orthodoxie von Brüssel bringt keine politische Klasse hervor, sondern im Gegenteil eine Minderheit von Super-Europhilen, die in ihren jeweiligen Hauptstädten nicht viel zu sagen haben, weil sie eine merkwürdige Sprache sprechen, die außerhalb der EU-Gebäude niemand versteht. Europäische politische Parteien beispielsweise funktionieren allenfalls als bürokratisches Gebilde. Wenn etwa der Sozialdemokrat Blair feststellt, dass der Sozialdemokrat Schröder kein Interesse mehr am Dritten Weg zeigt, so zögert er nicht, mit dem Konservativen Aznar gemeinsame Sache zu machen, der sich für den Dritten Weg interessiert. Es ist traurig für mich, dies feststellen zu müssen, denn ich betrachte mich als überzeugten, wenn auch vorsichtigen und manchmal skeptischen Europäer. Deshalb bedaure ich auch, dass es keine genuine politische europäische Klasse gibt. Ich schätze die Intelligenz Giuliano Amatos und wünsche ihm daher viel Erfolg in seinen Bemühungen, eine politische Klassse zu schaffen. Aber ich bin ausgesprochen pessimistisch, was den Erfolg einer solchen Operation angeht, so nützlich sie sein mag, um die Debatte über die Institutionen im Hinblick auf das Jahr 2004 voranzubringen.

Aus irgendeinem merkwürdigen Grund ist Europa die einzige noch verbliebene politische Utopie, insbesondere für die Linke. Das erstaunt mich, weil es anfangs genau umgekehrt war. Die europäische Einheit war das große Programm der

Christdemokraten. Sie war das Projekt von De Gasperi, Adenauer und Schuman. Viele Parteien der Linken widersetzten sich diesem Projekt mit großer Entschiedenheit. Die deutschen Sozialdemokraten stimmten gegen die Europäische Gemeinschaft für Kohle und Stahl und waren noch bei der Ratifizierung der Römischen Verträge gespalten. Dasselbe galt für die französischen Sozialisten. In Italien stimmte – auch in der Phase des Eurokommunismus – Berlinguer gegen Italiens Teilnahme an den frühen Plänen einer europäischen Währungsunion. Ähnlichen Widerstand leistete auch die englische Labour-Partei. Die Entscheidung der Linken, neuerdings eine andere Linie zu verfolgen, auch wenn sie in der Bevölkerung keinen großen Anklang findet, würde eine eigenständige Analyse verdienen. Ich habe manche Freunde bei der Linken, denen meine Haltung zu Europa unverständlich ist, weil Europa für sie den Traum von einer besseren Zukunft verkörpert.

Die Mitte-Rechts-Parteien tendieren gegenwärtig fast überall zu größerer Skepsis. Vielleicht lässt sich diese Rollenverschiebung mit einem Grundzug der Rechten bzw. der Linken erklären. Die Rechte braucht Feinde, und mit der Sowjetunion stand ihnen ein starker Feind zur Verfügung, der ihnen die europäische Integration gerechtfertigt erscheinen ließ. Die Linke dagegen hat ein unstillbares Bedürfnis nach Utopien.

Wenn es keinen europäischen «demos» gibt, folgt dann daraus, dass es auch keine europäische Verfassung geben kann – ein Ziel, das vielen für das Jahr 2004 als Ziel vorschwebt?

Meines Erachtens wäre es falsch, wenn man jetzt so etwas wie eine europäische Verfassung schreiben würde. Man muss nicht nach Lateinamerika blicken, um zu erkennen, was passiert, wenn ständig neue Verfassungen geschrieben werden, die auf keinem wirklichen Bedürfnis der Bevölkerung basieren. Lateinamerika ist nicht zufällig ein Friedhof von Verfassungen. Und ich möchte nicht, dass Europa seinerseits ein Friedhof von Verfassungen wird. Deutsche Spitzenpolitiker, die am nachdrücklichsten auf eine europäische Verfassung drängen, sollten über das Schicksal der Weimarer Verfassung nachdenken, ein gutes Beispiel für einen perfekten Verfassungstext, der jedoch im deutschen Volk nie Wurzeln geschlagen hat; diese Verfassung kam paradoxerweise erst zum Tragen, als das Notverordnungsrecht, das in ihr vorgesehen war, in den dreißiger Jahren dazu benutzt wurde, die Verfassung außer Kraft zu setzen. Verfassungen, die nicht auf einem echten Volkswillen basieren, können mehr Schaden als Nutzen bringen.

Sie haben ein sehr pessimistisches Bild vom Zustand der Demokratie in Europa gezeichnet. Gleichzeitig sagen Sie, die Lösung des Problems könne nicht im Aufbau von Institutionen nach dem Vorbild der Nationalstaaten auf supranationaler Ebene liegen.

Was können wir also tun, um die Europäische Union zu demokratisieren?

Wenn wir meinen ersten Test betrachten, die Frage nämlich, wie ein friedlicher politischer Wechsel stattfinden kann, so halte ich eine rigorose Begrenzung der Amtsdauer in der Europäischen Union wie auch in den internationalen Institutionen allgemein für dringend notwendig – Mandate, die nicht verlängerbar, sondern in ihrer Dauer zeitlich streng begrenzt sind, wie es bei der amerikanischen Präsidentschaft der Fall ist. Mit anderen Worten, die EU-Kommissare müssen ihr Mandat nach fünf Jahren unwiderruflich abgeben. Auf diese Weise wird vermieden, dass sie einen versteckten Wahlkampf für ihre Wiederernennung betreiben oder dass sie sich bei ihren Entscheidungen von dem Bemühen leiten lassen, bei den Mächtigen der Mitgliedstaaten Sympathien zu gewinnen. Diese zeitliche Beschränkung auf ein einziges Mandat muss auch für andere Ämter innerhalb der EU gelten. Eine nahe liegende Maßnahme, die allerdings nicht leicht durchzusetzen ist. Denn das System des Gebens und Nehmens, des «do ut des», ist in der Europäischen Union tief verwurzelt.

Ich meine darüber hinaus, dass die Regel auch für den Internationalen Währungsfonds, für die Weltbank und für alle internationalen Institutionen gelten sollte.

Was die «checks and balances» betrifft, also die Kontrolle der Macht, lassen sich wirksame Maßnahmen leichter in Gang setzen. Da ist vor allem die Möglichkeit der rechtlichen Prüfung der Entscheidungen von Legislative und Exekutive. Es muss Instanzen geben, die alle Entscheidungen an gewissen Grundregeln messen. Mechanismen dafür sind in der Europäischen Union schwach ausgeprägt, können aber verstärkt werden. Weiterhin gibt es das Instrument der Rechnungsprüfung. Ich bin durchaus zufrieden damit, wie dies im Augenblick in der Europäischen Union funktioniert, obwohl ich weiß, dass am Modus der Ernennung der Rechnungsprüfer, an deren fachlichen Kompetenzen und an der Effizienz ihres Handeln Kritik geübt wird. Dennoch ist dies ein wichtiger Punkt. Als die Santer-Kommission zur Verantwortung gezogen wurde, war es eher das Verdienst des Rechnungshofes als des Parlaments, dass die Unregelmäßigkeiten bei der Vergabe öffentlicher Gelder durch einige Kommissionsmitglieder aufgedeckt wurden.

Bleibt die Frage nach der Aufgabe des Europäischen Parlaments, wie immer es gewählt wird. Auch wenn man zugeben muss, dass seine Macht begrenzt ist, so existiert doch dieses Parlament, es ist eine der Institutionen der Europäischen Union und eines der Organe, die Kontrolle ausüben können – mit Hilfe von Ausschüssen, die von den Machtausübenden Rechenschaft über ihr Tun verlangen und eine öffentliche Debatte fordern.

Und im größeren internationalen Rahmen, wo es weder schwache noch starke, sondern überhaupt keine Parlamente gibt – was könnte da getan werden, um das demokratische Defizit von Organisationen zu verändern, die Entscheidungen von großer Tragweite treffen?

Ich glaube, wir müssen heute ein neues Problem der Demokratie lösen. Viele der auf internationaler Ebene erörterten und entschiedenen Fragen sind eher technischer Art. Und als solche entziehen sie sich dem Urteil des «common sense»; sie verlangen Fachkenntnisse. Nun ist eine der Grundvoraussetzungen der traditionellen Demokratie, dass alle Bürger in der Lage sind, die Entscheidungen der Regierenden zu beurteilen. Heute jedoch reicht der «common sense», der gesunde Menschenverstand der Bürger, dafür nicht aus. Nehmen wir zum Beispiel die Währungspolitik der Europäischen Zentralbank oder die Entscheidungen der Welthandelsorganisation zum internationalen Handel. Der «common sense» reicht bestenfalls aus, um unsinnige EU-Richtlinien zu entlarven, etwa die Bestimmung über die korrekte Form der Banane. Aber es gibt heutzutage eine Menge hochtechnischer Fragen, über die sich normale Bürger nicht leicht eine sachlich fundierte Meinung bilden können. Daher glaube ich, dass es den demokratischen Prinzipien am besten entspricht, diese Probleme unabhängigen technischen Instanzen zur Lösung anzuvertrauen. Dies wäre meines Erachtens nach auch den Nationalstaaten anzuraten.

Ich möchte mich nicht dem Vorwurf aussetzen, für eine Institution zu werben, der ich selbst angehöre, aber ich bin der Überzeugung, dass etwa das Oberhaus in Großbritannien diese Aufgabe ausgezeichnet erfüllt. Dessen Mitglieder sind aufgrund ihrer Verdienste und Lebensleistungen ernannt und decken damit ein breites Spektrum von Kompetenzen ab. Ich stelle immer wieder überrascht fest, dass in jeder Debatte – von der Währungspolitik bis zur Genetik – mehrere Mitglieder teilnehmen, die sehr genau wissen, wovon sie sprechen. Das Oberhaus fungiert gleichsam als eine Institution von Gegenexperten, unabhängigen Fachleuten, die frei sind vom Zwang, auf die nächsten Wahlen Rücksicht nehmen zu müssen; denn sie sind ja auf Lebenszeit ernannt. Wir haben auf internationaler Ebene noch keine analogen Lösungen gefunden, aber ich denke, wir sollten uns darum bemühen. Das Treffen, das parallel zu dem Weltwirtschaftsforum in Davos in Porto Alegre stattfand, war in dieser Hinsicht eine ausgezeichnete Idee, auch wenn es sich nur um eine private Initiative handelte. Man kann sagen, dass es der Notwendigkeit eines unabhängigen und autoritativen Gegengewichts bei hochtechnischen Fragen Rechnung getragen hat.

Kommen wir schließlich zu dem heikelsten Problem, das am schwierigsten zu lösen ist: Wie soll die Öffentlichkeit, das Volk, an diesem Prozess teilnehmen? Transparenz ist hier entscheidend. Ich halte es zum Beispiel für wichtig, dass der Rat der Europäischen Union öffentlich tagt, wenn er als Gesetzgeber wirkt. Ich sehe keinen Grund, warum dies anders sein sollte. Nehmen wir weiterhin die Frage der Öffentlichkeit von Entscheidungen, also der Rolle der Medien, auch des Internet. Das Internet gewährleistet, dass Interessierten alle wichtigen Informationen überall zur Verfügung stehen. Es reicht als solches nicht aus, die breite Öffentlichkeit zu informieren, aber die schlichte Tatsache, dass jeder, der möchte, Zugang zu den Informationen haben kann, gewährleistet potentiell eine Form der Kontrolle durch das Volk. Daher überzeugen mich auch nicht Forderungen nach einer Beschränkung der Verfügbarkeit von Informationen und der Redefreiheit im Internet.

Ich möchte noch hinzufügen, dass uns Demonstrationen, Kundgebungen, die aktive Ausübung des Rechts auf Kritik, wie es von Nichtregierungsorganisationen propagiert wird – auch ad-hoc-Kundgebungen, so umstritten und inakzeptabel sie sind, wenn sie in Gewalt ausarten – in Erinnerung rufen, wie groß in unserer demokratischen Welt doch die Kluft zwischen dem Volk und der Macht ist. Solange wir keine andere Möglichkeit gefunden haben, diese Kluft zu überwinden, und solange diejenigen, die gewählt sind, keine anderen Wege beschreiten, um das Volk an der Entscheidungsfindung zu beteiligen – Entscheidungen, die immer mehr an fernen und unerreichbaren Orten getroffen werden –, solange sind diese Kundgebungen ein gutes Zeichen. Denn sie machen uns auf etwas Wichtiges aufmerksam: dass nämlich das Volk diesen Zustand nicht hinnimmt.

Könnten bei der demokratischen Kontrolle von Entscheidungen auf internationaler Ebene nicht auch die nationalen Parlamente eine stärkere Rolle spielen, die sich bisher eher unaufmerksam und desinteressiert zeigen?

Das ist eine reale und weitgehend unausgelotete Möglichkeit. Ich war EU-Kommissar, als das Parlament – damals hieß es noch Versammlung – nicht direkt vom Volk gewählt wurde. Und ich muss sagen, dass es damals in vieler Hinsicht besser war als heute; denn die Mitglieder der Versammlung verfügten über eine nationale Basis, weil sie aus den Parlamenten kamen. Heute dagegen gehen die Politiker, die über einen echten Rückhalt in ihrem Land verfügen, nicht ins Europäische Parlament, weil sie Besseres zu tun haben. Bei allen großen und wichtigen Abstimmungen des Europäischen Parlaments sind Dutzende von Mitgliedern gar nicht anwesend, insbesondere Franzosen und Italiener.

Aber der Spielraum auch für Ausschüsse und Kommissionen der nationalen Parlamente ist groß, um die auf internationaler Ebene getroffenen Entscheidungen zu prüfen. Uneinigkeit herrscht nur über den Zeitpunkt dieser Intervention: vor der Entscheidungsfindung (wie im dänischen Parlament), wodurch allerdings die Verhandlungsfreiheit der Minister, die sich anschließend in Brüssel an den Verhandlungstisch setzen, eingeschränkt wird; oder nach der Entscheidung (wie im britischen Oberhaus). Der britische Premierminister beispielsweise erstattet im Anschluss an ein Treffen der G7 Bericht in Westminster, aber nichts Vergleichbares geschieht bezüglich der Entscheidungen, die der Weltwährungsfonds oder die Welthandelsorganisation trifft. Die internationale Aufgabe der nationalen Parlamente, die die stärkste demokratische Legitimation besitzen, wird bisher mit Sicherheit noch unterschätzt.

Amerika

*Von Tocquevilles Klassiker bis zu dem jüngsten Buch Larry Sie-
dentops über die «Demokratie in Europa» wurden die Vereinigten Staaten immer wieder als Vorbild genommen. Trotzdem
gibt es, besonders in den letzten Jahren, Zweifel auch an der
Funktionsfähigkeit der amerikanischen Demokratie. Und das
aus gutem Grund. Die jüngste Wahl des US-Präsidenten er-
schien eher wie ein Würfelspiel denn als reifer und vollständiger
Ausdruck des Volkswillens. Haben Sie nicht auch den Eindruck,
dass die Demokratie selbst in der Heimat der langlebigsten
Verfassung der Welt in Schwierigkeiten steckt?*

Lassen Sie mich sagen, dass Würfeln ein völlig akzeptables demokratisches Verfahren ist. Wenn die Wahl des neuen amerikanischen Präsidenten tatsächlich durch das Los zustande gekommen wäre, dann könnten wir wenigstens sicher sein, dass
keiner der beiden Kandidaten bevorzugt oder benachteiligt
wurde. Das Problem des Wahlverfahrens in den Vereinigten
Staaten ist nicht das Würfeln, sondern der begründete Verdacht, dass es manipuliert sein könnte. Das war bei der Wahl
John F. Kennedys mit Sicherheit der Fall und wahrscheinlich
auch bei der Wahl von George W. Bush. Hier wie dort waren
Apparate am Werk – von Parteien oder Kandidaten –, die die
Wahlen zu dem von ihnen gewünschten Erfolg führten.

Dies ist seit langer Zeit ein Problem bei den politischen
Wahlen in den Vereinigten Staaten. Die Frage, die wir uns stellen müssen, lautet: Genügt es, um das große Modell der amerikanischen Demokratie für entwertet zu erklären?

Ich glaube, dass es alles in allem nicht entwertet ist. Erstens
deshalb, weil die amerikanische Verfassung ein bemerkenswer-
tes, ja vielleicht sogar das bemerkenswerteste Dokument der
politischen Geschichte der Menschheit ist. Sie hat seit mehr als
zweihundert Jahren Bestand, und auch wenn seit der Verabschiedung der amerikanischen Verfassung einige Zusatzartikel

hinzugekommen sind, bleibt sie nach wie vor eine gute Basis der Demokratie in diesem Land. Offen gestanden sehe ich keine andere Verfassung, von der man dasselbe sagen könnte. Zweitens wurde das erreicht, was die Väter der amerikanischen Verfassung wollten: die Teilung und Zusammenarbeit der Initiativ- und der Kontrollgewalt. Das Wechselspiel zwischen dem Präsidenten und den beiden Kammern des Kongresses entspricht der ursprünglichen Konzeption, die überraschend gut funktioniert. Ebenso gut funktioniert die föderale Struktur, also die Beziehung zwischen den Bundesstaaten und der Zentralregierung. Und drittens hat die Verfassung eine gewisse Flexibilität bewiesen, die Fähigkeit, sich den jeweiligen, immer wieder neuen Umständen anzupassen.

Daher war und ist die amerikanische Demokratie in mehrfacher Hinsicht ein Modell. Keines, das man einfach kopieren könnte, aber eines, auf das man blicken muss, wenn man sich die Frage stellt, welche demokratische Regierungsform in der Welt am besten funktioniert.

Aber glauben Sie nicht, dass die amerikanische Demokratie immer mehr zu einer Oligarchie wird? Die Bushs sind eine Dynastie genau wie die Kennedys. Die Clintons fangen an, es zu werden. In der gegenwärtigen Administration sitzen viele Schwerreiche. Wer sich für das Weiße Haus bewerben will, braucht im Übrigen eine unglaubliche Menge Geld. Die letzten Präsidentschaftswahlen kosteten die Parteien mehr als drei Milliarden Dollar, wovon allein sechshundert Millionen in Fernsehspots flossen.

Meines Erachtens hat jede Demokratie ein oligarchisches Element. Es trifft niemals zu, dass die Gesamtheit des Volkes aktiv am politischen Geschehen teilnimmt, nicht einmal in der Schweiz, wo der Anteil der politisch aktiven Bürger wahrscheinlich höher ist als in jedem anderen Land der Welt. Schätzungsweise nehmen in der Schweiz rund 15 Prozent der Bevölkerung am politischen Leben in irgendeiner Form aktiv teil, in anderen industrialisierten Ländern sind es nicht einmal 5 Prozent. Überall gibt es neben diesen fünf Prozent einen begrenzten Kreis, der den Zugang zur Macht kontrolliert. Im Fall Bush spielen natürlich handfeste Interessen, insbesondere im Energiesektor, eine Rolle. Aber um ein Beispiel von der anderen politischen Seite zu nennen: Auch Tony Blair ist gegen solche Einflüsse durchaus nicht immun. Als wir erfuhren, dass der Formel-Eins-Chef Bernie Ecclestone, einer der großen Finanziers von New Labour, die Erlaubnis zur Zigarettenwerbung beim Großen Preis von England erhalten sollte, war dies eine unangenehme Überraschung, die größer war als die Entdeckung, dass Bush der Erdöllobby nahesteht. Denn in Fällen wie diesen kann man nicht ausschließen, dass die Nähe zu großen wirtschaftlichen Interessen die Entscheidungen der Regierenden zumindest beeinflusst.

Ein oligarchisches Element ist also immer und überall mit im Spiel. Die eigentlich wichtige Frage lautet jedoch: Ist diese Oligarchie dauerhaft, abgeschlossen und unkontrollierbar? Oder gibt es Möglichkeiten, sie durch den demokratischen Prozess zu verändern? Ich denke, dass der Machtwechsel zwischen den beiden Parteien in Amerika ein gewisses Maß an Durchlässigkeit, aber auch an Verwundbarkeit der jeweils herrschenden Oligarchie gewährleistet. Bushs Freunde können keineswegs sicher sein, dass sie ihre Machtfülle auch unter Bushs Nachfolger behalten werden, selbst wenn der neue Präsident gleichfalls Republikaner und noch weniger, wenn er Demokrat sein wird. Wenn in den Vereinigten Staaten ein neuer Präsident an die Macht kommt, gehen in Washington Tausende von Ämtern und Positionen in neue Hände über. Und das ist gut so, denn es gewährleistet, dass nach den Wahlen das Votum des Volkes tatsächlich einen Wechsel bewirkt.

Entscheidender ist die Frage nach dem Geld. Bill Bradley, einer der demokratischen Kandidaten, die in den Vorwahlen geschlagen wurden, rechnete mir einmal vor: «Um in den Kongress gewählt zu werden, braucht man eine Million, um in den Senat gewählt zu werden, zehn Millionen, und um zum Präsidenten gewählt zu werden, hundert Millionen Dollar.» Und diese Zahlen sind keineswegs übertrieben. Einige bei den letzten Wahlen gewählte Senatoren gaben weit mehr als zehn Millionen Dollar aus. Dies bedeutet, dass die Kandidaten entweder selbst sehr reich sein müssen oder sich von sehr Reichen abhängig machen, wenn sie gewählt werden wollen. Dies ist ein großes Problem der Demokratie im Zeitalter des modernen Kapitalismus.

Man darf vermuten, dass manche Entscheidungen des neuen Präsidenten, etwa die Ablehnung des Klimaschutzabkommens von Kyoto, teilweise auch ein Zugeständnis an jene sind, die seinen Wahlkampf finanziert haben.

Möglich, aber es ist schwer zu sagen, wie und bis zu welchem Punkt. Offen gestanden, glaube ich nicht, dass jemand zu Bush gegangen ist, ihm einen Scheck über fünfzig Millionen Dollar auf den Tisch gelegt und gesagt hat: «Wenn du der Welt kundtust, dass du mit den Vereinbarungen von Kyoto nichts mehr zu tun haben willst, gehört dieses Geld dir.» Wir müssen vielmehr akzeptieren, dass Bush in einem sozialen Umfeld lebt, in dem niemand glaubt, dass die Vereinbarungen von Kyoto tatsächlich wirksam sein können oder dass es im Interesse der Vereinigten Staaten liegt, diese Vereinbarungen in die Praxis umzusetzen. Bush ist meines Erachtens fest davon überzeugt. Er muss nicht erst mit Geld überredet werden. Mit anderen Worten, der Einfluss der Lobbys auf die amerikanische Politik ist äußerst raffiniert und komplex. Und er hat den Vorteil, dass vieles am helllichten Tag geschieht. Tatsache ist, dass Bush politische Überzeugungen hat, die ihn zum Freund von Leuten machen, die zufällig viel Geld besitzen. Auf diese Weise braucht er seine Überzeugungen nicht zu ändern, um finanzielle Hilfe und Unterstützung zu erhalten. Das eigentliche Problem liegt woanders: Die Energielobby der Vereinigten Staaten hat kein unmittelbares Interesse an einer Reduzierung der Schadstoffemissionen, während zahlreiche Energiegesellschaften in Europa ein mittelfristiges Interesse daran haben, in umweltverträgliche Technologien zu investieren und daher Kyoto zu unterstützen. Das gibt uns Aufschluss über die «Naivität» einer Form des amerikanischen Kapitalismus, dessen Gebot lautet: «Mehr produzieren und mehr verkaufen», ohne Rücksicht darauf, was in fünfzig Jahren sein wird. Die Verschwendung natürlicher Ressourcen durch die amerikanische Wirtschaft widerspricht jeder Logik. Bush ist also nicht korrupt, er ist vielmehr einfach nur Teil jener Welt.

Die Lobbys und Unternehmen machen sich womöglich auch die Tatsache zunutze, dass viele Bürger überhaupt nicht mehr zur Wahl gehen.

Es geht nicht nur darum, dass die Leute nicht mehr wählen. Es geht um mehr und um Schlimmeres, und das ist meines Erachtens das schwerstwiegende Problem der amerikanischen Demokratie. Schätzungsweise knapp die Hälfte derjenigen, die ein Recht hätten zu wählen, lassen sich nicht einmal in die Wahllisten eintragen. Daher kommen große Teile der Wählerschaft um ihr Wahlrecht – ein Problem, das durch die starke Mobilität der amerikanischen Bevölkerung noch verschärft wird. Hinzu kommen die Nichtwähler; nur etwa die Hälfte derer, die registriert sind, geht tatsächlich zu den Urnen. Beide Phänomene zusammen ergeben eine paradoxe Situation. Nimmt man nämlich die Gesamtheit der Wählerschaft, zieht davon die Hälfte ab, die nicht registriert sind, und von der verbleibenden Hälfte wiederum die Hälfte, die nicht zur Wahl geht, bleibt nur ein Viertel des demokratischen Wählerpotentials übrig, das überhaupt den Präsidenten wählt; und dieser erhält seinerseits oft nicht einmal die Hälfte der abgegebenen Stimmen. Die meisten amerikanischen Präsidenten werden also von zehn, zwölf Prozent der Wählerschaft gewählt.

Das macht mich – wie die meisten Europäer – wirklich betroffen. Indessen habe ich viele amerikanische Freunde, aufrichtige Befürworter der Demokratie, die sich zwar prinzipiell eine stärkere Wahlbeteiligung wünschen, aber aus voller Überzeugung sagen, dass trotz allem der Präsident nach der Wahl eine starke Legitimation besitzt und von der überwiegenden Mehrheit der Amerikaner als Präsident der Vereinigten Staaten betrachtet wird – auch von denen, die ihn nicht gewählt haben. Vergessen wir im Übrigen nicht, dass Frau Thatcher wie auch Herr Blair in Großbritannien über parlamentarische Mehrheiten von 60 bis 70 Prozent der Abgeordneten verfügte, obwohl beide bei einer Wahlbeteiligung von etwa 70 Prozent kaum mehr als 40 Prozent der Stimmen erhielten. Ich möchte daher die Legitimation nicht so sehr von der Anzahl der Wählerstimmen abhängig machen. Ich möchte nur darauf hinweisen, dass das amerikanische Beispiel wirklich krass ist.

Diese Apathie scheint einem Grundprinzip der amerikanischen Demokratie zu widersprechen, das Tocqueville tief beeindruckt hat, nämlich dem hohen Grad der Partizipation der Bürger an den öffentlichen Aufgaben.

Da bin ich mir nicht so sicher. Wir haben bisher nur von den Bundeswahlen gesprochen. So schwer es Europäern fällt, dies zu glauben, aber die Präsidentschaftswahlen sind für die amerikanischen Bürger sehr viel weniger wichtig als die lokalen Wahlen. Man kann ohne Übertreibung sagen, dass wir in Europa größeren Anteil an der Wahl des Präsidenten der Vereinigten Staaten nehmen als ein Durchschnittsbürger in Peoria, Illinois. Das liegt daran, dass das politische Programm des Präsidenten auf das Leben vieler Amerikaner einen sehr viel geringeren Einfluss hat als auf das Leben von uns Europäern. Das geht so weit, dass irgendjemand einmal die paradoxe Forderung aufgestellt hat, wenn der Machthaber im Weißen Haus der Führer der demokratischen Welt ist, dann sollten auch wir Europäer das Recht haben, ihn zu wählen.

Spaß beiseite. Was ich sagen möchte: Die Wahl des Präsidenten der Vereinigten Staaten ist nur ein Teilaspekt des demokratischen Lebens in Amerika und nicht einmal der wichtigste – und dieses Leben entspricht immer noch dem, das Tocqueville beschrieben hat. Das Interesse der Bevölkerung an lokalen Wahlen ist ausgesprochen groß, und zur Wahl stehen dort Kandidaten für ein breites Spektrum von Aufgaben, von der Leitung der Schulen bis zum Polizeipräsidenten, vom Richter bis zum Sheriff. Ein Wahlzettel ist so groß wie eine Zeitungsseite. Hier liegt das pulsierende Herz der amerikanischen Demokratie, das man vielleicht von New York aus weniger deutlich vor Augen hat, das aber in den kleineren Städten Ohios und Wisconsins dennoch schlägt, gesund und munter. Darüber hinaus gibt es für das, was wir Bürgergesellschaft nennen, zahllose Kanäle der Teilnahme am öffentlichen Leben und an örtlichen Initiativen.

Unbestreitbar gibt es Anzeichen eines Niedergangs dieser Teilnahme, aber sie verfügt dennoch über eine breite und tief verwurzelte Basis. Jeder, der auch nur für kurze Zeit in einer Gemeinde der Vereinigten Staaten gelebt hat, wurde zumindest aufgefordert, sich am öffentlichen Leben zu beteiligen. Hier, in den kleinen Gemeinden, zeigt sich die beste Seite der amerikanischen Demokratie. Denn es spielt keine Rolle, ob man seit sechs Tagen, sechs Monaten oder sechs Jahren dort lebt, man wird sofort als ein Bürger mit allen Rechten betrachtet, der über eine Vielzahl von freiwilligen Organisationen, Kirchen, Clubs und Vereinen das Recht hat, am öffentlichen Leben teilzunehmen.

Gemeindewahlen und Teilnahme an der Bürgergesellschaft charakterisieren die amerikanische Demokratie viel deutlicher als das politische Leben auf bundes- oder einzelstaatlicher Ebene. Hier zeigt sich das Gegenteil dessen, was in Europa stattfindet, wo Teilnahme am demokratischen Prozess und an den Wahlen zumeist bedeutet, sich für die Funktionen der Zentralregierung zu interessieren. Großbritannien ist ein trauriges Beispiel für ein Land, das die lokale Autonomie praktisch zerschlagen hat und nun mühsam versucht, sie wiederzubeleben und ihr einen Teil der Macht zurückzugeben, die sich im

Laufe der Jahre immer mehr auf London konzentriert hat; doch dies geschieht nur sehr zögerlich und unsicher. In dieser Hinsicht ist Amerika nach wie vor eine funktionierende Basisdemokratie.

Die Abschwächung der ideologischen und programmatischen Unterschiede zwischen rechts und links, die in der amerikanischen Demokratie so augenfällig zutage tritt, führt häufiger zu einem unentschiedenen Wahlergebnis, wie es bei Bush und Gore der Fall war. Da auch die europäische Politik zunehmend weniger deutlich ausgeprägte Unterschiede aufweist, besteht diese Gefahr auch bei uns. Erhält in Zukunft daher auch hier jede einzelne Stimme mehr Gewicht als früher? In welcher Weise wird dies der Fall sein?

Ich finde, man sollte das Verschwinden gewisser grundsätzlicher Wählerpräferenzen, etwa zwischen rechts und links, nicht überbewerten. Gerade am Ende des amerikanischen Wahlkampfs hat sich doch gezeigt, dass die beiden Kandidaten zu manchen Problemen deutlich unterschiedliche Positionen bezogen. Gore hätte das Abkommen von Kyoto ganz gewiss ratifizieren wollen. Aber auch an der Diskussion um das Thema «Medicare», das in der politischen Debatte der Vereinigten Staaten eine wichtige Rolle spielt, sieht man, dass die Clinton-Administration ein grundlegend anderes Programm hatte als viele republikanische Kandidaten, auch wenn Clinton nicht durchsetzen konnte, was er sich vorgenommen hatte. Viele republikanische Kandidaten waren der Ansicht, die Leute müssten im Gesundheitsbereich selber sehen, wie sie zurechtkommen, und die Kosten aus eigener Tasche und ohne staatliche Hilfe bezahlen.

Dies, so scheint mir, sind keineswegs geringfügige Unterschiede. Gewiss besteht heute ein allgemeiner Konsens darüber, dass eine angebotsorientierte Wirtschaftspolitik, die auf den Markt setzt und staatliche Eingriffe reduziert, notwendige Bedingung eines jeden Regierungsprogramms ist. Aber die einen möchten die Ressourcen des Wirtschaftswachstums nutzen, um Steuern und öffentliche Ausgaben zu reduzieren, während die anderen mit diesen Ressourcen in Bildung und Verkehr investieren wollen. Die programmatischen und politischen Unterschiede sind also keineswegs verschwunden.

Eines der großen Probleme der amerikanischen Demokratie in den letzten Jahrzehnten ist die – qualitativ gesehen – explosionsartig steigende Forderung nach immer neuen, nur vermeintlichen Bürgerrechten. Denn häufig handelt es sich eher um soziale Bedürfnisse als um Rechte im eigentlichen Sinn. Aber je größer die Unsicherheit, desto lauter der Ruf nach rechtlichem Schutz. Das steigert die Einkünfte der Anwälte und den Einfluss der Richter auf Fragen von rein politischer Tragweite, die bisher zur Aufgabenstellung der parlamentarischen Demokratie gehörten. Sie selbst haben gesagt, dass «in Amerika das Gesetz zum Bestandteil des Spiels der Macht wird, zu einer Waffe in der persönlichen und öffentlichen Auseinandersetzung... Für viele ist an die Stelle der Pistole der Anwalt getreten.»

Das ist eine merkwürdige Entwicklung. Als die Väter der amerikanischen Verfassung die «Federalist Papers» konzipierten, warf Alexander Hamilton die Frage auf, wie die Richter reale Macht erhalten könnten. In Amerika Ende des 18. Jahrhunderts durfte man sich in der Tat fragen, über wie viele Divisionen diese Herren auf dem Richterstuhl verfügten, um ihren Urteilen Respekt zu verschaffen. Die Schwäche der judikativen Gewalt bereitete Hamilton große Sorge. Sehen Sie sich an, wie sich die Sache entwickelt hat: in die genau entgegengesetzte Richtung. Ich möchte nicht übertreiben, aber die Gerichte haben bei den letzten Präsidentschaftswahlen die Schlüsselrolle gespielt, und jetzt heißt es, die wichtigste Konsequenz der Wahl Bushs zum Präsidenten werde die Nominierung der neuen Richter des Obersten Gerichtshofs sein. Seine Gegner befürchten, dass dies langfristig, also weit über die Amtszeit des Präsidenten hinaus, den Charakter der amerikanischen

Demokratie beeinflussen wird. Denn Bush wird gehen, die Richter werden bleiben. Allerdings gibt es in der Vergangenheit zahlreiche Belege für die Unabhängigkeit der Mitglieder des obersten Gerichtshofes, die auf Lebenszeit ernannt, nicht absetzbar sind und daher gegenüber der politischen Macht, die sie gewählt hat, eine große Autonomie besitzen.

Mittlerweile wurden viele Probleme aus der politischen Arena herausgenommen und der Entscheidungsbefugnis der Judikative übertragen. Dies gilt insbesondere für Themen im Grenzbereich zwischen Politik und Ethik, auf die in Zukunft die Richter wachsenden Einfluss ausüben werden – einen größeren Einfluss, als ihn die gewählten Volksvertreter haben. In der Frage der Abtreibung zum Beispiel war dies bereits der Fall, und zwar nicht nur in Amerika. Dasselbe gilt für die Todesstrafe. Die «affirmative action», also die aktive Durchsetzung der Gleichheitsrechte von Frauen und ethnischen Minderheiten, war in Amerika die Folge einer Gerichtsentscheidung. Es ist eine faszinierende Entwicklung: Das schwächste Glied des Systems, die richterliche Gewalt, wird zum stärksten Glied.

Und dies ist keineswegs ein rein amerikanisches Phänomen. Es lässt sich auch in Europa immer häufiger beobachten. In der deutschen Demokratie der Nachkriegszeit ist der Einfluss des Verfassungsgerichts stark – so stark, dass oftmals die Parlamentarier nicht endgültig abstimmen können, bevor die Richter ein Urteil gefällt haben. In Deutschland kann das Verfassungsgericht parlamentarische Entscheidungen auf mancherlei Weise beeinflussen. In den Vereinigten Staaten lehnt es der Oberste Gerichtshof häufig ab, zu Fragen Stellung zu beziehen, die seines Erachtens nicht in seine Kompetenz fallen. Und in Großbritannien ist der Einfluss der Judikative auf die politische Gewalt sehr gering. Dramatisch war der Augenblick, als die Regierung Blair, gestützt auf ihre parlamentarische Mehrheit, binnen weniger Wochen die Erblords aus dem Oberhaus vertrieb, um sich einer nichtgewählten Gegenmacht zu entledigen. Einige von ihnen wandten ein, dass ihr Mandat über die gesamte Legislaturperiode hinweg gelte. Und sie stellten der Regierung die Frage: Auf welcher rechtlichen Grundlage nehmt ihr euch heraus, uns nach Belieben wegzuschicken? Die lakonische Antwort des Ministers werde ich nie vergessen: «Auf der Grundlage der Souveränität des Parlaments.» Dies ist gemeint, wenn man von Westminster als einer «Wahldiktatur» spricht. In Deutschland, dessen darf man sicher sein, wären die Leidtragenden eines solchen Beschlusses in einer ähnlichen Situation vor Gericht gezogen und säßen noch heute im Parlament, weil der Streit vor dem Verfassungsgericht Jahre gedauert hätte.

Und die Einmischung der richterlichen Gewalt in den Bereich der Sozialpolitik?

Das ist sehr viel umstrittener. Wenn wir anfangen, Grundrechte auf soziale Ansprüche zu definieren, beschreiten wir einen Weg, der sich auf den Schutz der eigentlichen Menschenrechte verheerend auswirken könnte. Es ist die Argumentation derer, die über die kommunistischen Länder sagten: Vielleicht gibt es dort nicht das Recht, seine Meinung per Wahl frei zu äußern, aber immerhin existiert ein Recht auf Arbeit. Man muss ganz klar zwischen den Rechten unterscheiden, die echte Rechtsansprüche sind und deshalb geschützt werden müssen, und legitimen Ansprüchen, die für das Leben des Einzelnen womöglich nicht weniger wichtig, trotzdem aber keine Rechte sind. Mit anderen Worten: Es gibt kein Recht auf Arbeit, weil es keinen Richter gibt, von dem ich die Verurteilung einer Regierung einfordern könnte, die mir keine Beschäftigung garantiert. Richter können niemandem Arbeit verschaffen. Ein Arbeitsplatz ist kein Menschenrecht. Ja, man könnte viel eher argumentieren, dass es ein Recht auf Faulheit gibt, freilich ohne damit dem Staat zur Last zu fallen. Andernfalls wäre man sehr schnell bei der Zwangsarbeit angelangt. Und viele Regierungen in Europa scheinen genau das anzusteuern. Ich bin beispielsweise keinesfalls der Ansicht Schröders, der im Zuge der

Bekämpfung der Arbeitslosigkeit behauptet, es gebe kein Recht auf Faulheit. Dieses Recht gibt es, und wie.

Werden die Gerichte allzu sehr in sozialpolitische Dinge einbezogen, dann führt sie das in überaus gefährliches Gelände. Lassen Sie mich noch ein Beispiel anführen: In Deutschland hat das Bundesverfassungsgericht kürzlich für Eltern eine Beitragsentlastung in der Pflegeversicherung verlangt. Ein merkwürdiges Urteil, impliziert es doch, dass Familien mit Kindern einen größeren Beitrag zum Gemeinwohl leisten als kinderlose Familien. Daher sollten kinderlose Paare dafür bezahlen, dass sie keinen Beitrag in Form von Nachkommen leisten. Dieses Urteil bezog sich, wie gesagt, auf einen bestimmten Bereich der Sozialversicherung; aber dieselbe Logik könnte man auch auf die Diskussion über die Rentenreform anwenden und ein Progressionsprinzip für die Rentenbeiträge festlegen. Wer Kinder hat, müsste also weniger zahlen und hätte trotzdem Anspruch auf dieselbe Rente wie jemand, der kinderlos ist. Das Urteil des Bundesverfassungsgerichts greift also direkt in eine kontroverse politische Diskussion ein.

Sie haben gesagt, Amerika sei noch immer ein Modell für die Demokratie. Sehen Sie auch andere solcher Modelle?

Im Bereich der Institutionen gibt es das amerikanische Präsidialmodell mit Gewaltenteilung und das britische Modell ohne Gewaltenteilung und mit voller Souveränität des Parlaments. Der Lord Chancellor in Großbritannien betrachtet es als völlig unproblematisch, an ein und demselben Tag als Richter Recht zu sprechen, in einer gesetzgebenden Kammer, dem Oberhaus, den Vorsitz zu führen und an einer Kabinettssitzung teilzunehmen. Die Gewaltenteilung wird im Vereinigten Königreich als eine merkwürdige kontinentaleuropäische Idee betrachtet, die in die Vereinigten Staaten von einem Franzosen – Montesquieu – exportiert wurde, der nicht wusste, wovon er sprach. Zwischen diesen beiden Extremen gibt es zahlreiche Spielarten. Insgesamt gesehen habe ich – insbesondere in Osteuropa nach dem Fall der Mauer – niemals das Westminster-Modell empfohlen, das eine ganz besondere Disziplin erfordert, an die sich Großbritannien im Verlauf einer langen Geschichte gewöhnt hat.

Sollen die Regierungen aus dem Parlament hervorgehen oder sollen sie direkter Ausdruck des Willens der Bürger sein? Viele der neuen Demokratien haben sich für die zweite Option entschieden, beispielsweise Russland. Aber dadurch wurde oftmals das Parlament äußerst schwach. Ich glaube daher, dass für Länder, die heute das demokratische System übernehmen, das deutsche Modell am besten geeignet ist: ein Modell, in dem die Exekutive, vom Parlament gewählt, sehr stark wird, wenn sie erst einmal gewählt ist, und nur abgesetzt werden kann, wenn eine andere Regierung an die Macht kommt. Weniger sicher bin ich bei dem französischen «Semipräsidentialismus», wo der Präsident die Machtfülle des Staatsoberhaupts und in bestimmten Bereichen auch des Premierministers innehat; er leitet Kabinettssitzungen und lenkt die Außenpolitik. Über das italienische System kann ich wenig sagen, weil es sich in den letzten Jahren ständig verändert hat.

Die größte Gefahr bei der Schaffung neuer demokratischer Institutionen liegt allerdings darin, verschiedene Systeme miteinander zu kreuzen, also einen Teil aus dem parlamentarischen System und einen Teil aus dem Präsidialsystem zu nehmen, wie beispielsweise in Israel, wo der Premierminister direkt gewählt wird, aber anschließend vom Parlament abhängig ist. Das ist eine so offensichtlich falsche Lösung, dass sie inzwischen zurückgenommen wird. Wie in der Wirtschaft gibt es auch im Bereich der demokratischen Institutionen kein exportierbares Modell, das sich über die Traditionen und die nationalen Unterschiede einfach hinwegsetzen könnte. Das schweizerische Modell beispielsweise funktioniert ausgezeichnet. Aber eben nur in der Schweiz.

Demos

In der Beziehung zwischen dem «demos» und der Demokratie vollzieht sich heute ein grundlegender Wandel. Nicht nur in den übernationalen politischen Strukturen, auch im Innern der Nationalstaaten, im Zentrum unserer politischen Systeme. Es scheint, als sei der gesamte Komplex der traditionellen Vermittlungen – von den Ausschüssen bis zu den Parlamenten, von den Parteien bis zu den Zeitungen – außer Kraft gesetzt und einer unmittelbaren Beziehung zwischen Macht und Volk gewichen. Die telefonische Befragung von vielleicht tausend Personen in einer «opinion poll» ist ausschlaggebender als die parlamentarischen Debatten eines ganzen Monats, ein Werbespot im Fernsehen viel gewichtiger als vier Wochen Wahlkampf.

Ist dies alles noch demokratisch, oder ist es der Anfang vom Ende der Demokratie?

Zweifellos haben wir ein neues Terrain betreten, das wir mit Colin Crouch als «Postdemokratie» bezeichnen könnten. Mit den herkömmlichen Verfahren – den Parlamentswahlen – werden offensichtlich nicht mehr die Ziele erreicht, für die diese Verfahren erdacht wurden. Das Problem der Zukunft der Demokratie jedoch bleibt die Demokratie selber, die Frage nämlich, wie wir den Erfordernissen gerecht werden können, die wir zu Beginn unseres Gesprächs skizziert haben: dem Volk Gehör zu verschaffen.

Es ist durchaus möglich, neue Regeln zu erfinden, um einen gewaltfreien Wechsel zu bewirken; es mag auch relativ einfach sein, neue Systeme zur wirksamen Kontrolle der Macht zu ersinnen. Wir wissen aber nicht, wie in Zukunft das Volk seinen Willen zum Ausdruck bringen und in welcher Weise es die politische Entscheidung bestimmen kann. Dies ist das grundlegende Problem, dem wir uns heute gegenübersehen. Ich finde es also durchaus verständlich, wenn wir versuchen, neue Wege zu beschreiten. Wir sind in der Tat dabei, ein breites Spektrum neuer Möglichkeiten zu erkunden, um die Teilnahme des Volkes zu bewirken. Dabei handelt es sich um Versuche, die oft ambivalent sind: Sie haben positive und negative Aspekte. In einigen Fällen überwiegen die negativen Aspekte, in anderen nicht. Es sind Experimente auf freiem Feld, die notwendig wurden, weil Wahlen und Parlamente den Erfordernissen einer demokratischen Entscheidungsfindung nicht mehr gerecht werden. Wir wissen am Ende dieser Phase nicht, welche dieser neuen Wege Bestand haben werden und welche nicht. Wir müssen aber alle vorurteilsfrei prüfen, weil ihnen ein reales Bedürfnis zugrunde liegt; und wir müssen sie von Fall zu Fall an ihren Ergebnissen messen.

Ein klassisches Beispiel für diese Ambivalenz sind gewiss die neuen Technologien, insbesondere das Internet. Nützt oder schadet es der Demokratie?

Ohne Zweifel erlaubt das Internet eine breitere, wenn auch abstrakte Beteiligung an der Debatte. Es handelt sich allerdings um keine informierte politische Debatte im hier gemeinten Sinn, denn ein Problem einer breiten Internet-Diskussion ist die Tatsache, dass wir weder ihren Stand noch ihr Ergebnis kennen. Niemand kann sagen: In den vergangenen drei Monaten habe ich an einer Diskussion im Internet über Steuerpolitik teilgenommen und weiß jetzt, in welche Richtung die öffentliche Meinung tendiert. Die Debatte ist ohne Ende, und es ist ungeheuer schwer, die Fäden zu ziehen. Gewiss, die Beteiligung ist groß, und für viele ist es die erste Gelegenheit überhaupt, ihre Ansichten über Themen zu äußern, zu denen sie bisher niemand nach ihrer Meinung gefragt hat. Aber an wen richten sich diese Äußerungen? Wer organisiert die Debatten? Die politischen Parteien? Bestimmte Interessengruppen? Ich begegne gelegentlich Leuten, die Finanzmittel suchen, um im Internet eine große Diskussion über das Thema unseres Gesprächs, die Zukunft der Demokratie, in Gang zu setzen. Zuweilen hat man den Eindruck, das Medium debattiere über sich selbst.

Zudem wissen wir zu wenig über die Teilnehmer dieser Debatte. Auf der anderen Seite wissen wir, dass viele Leute aus unterschiedlichen Gründen nicht daran teilnehmen. Kurzum, es fällt mir schwer, eine Bilanz des Für und Wider zu ziehen. Sicher ist es von Vorteil, wenn es mehrere Diskussionsforen gibt. Aber in dem Ungeordneten dieser Diskussion, in der Ungewissheit hinsichtlich der Teilnehmer und Adressaten, in der Beliebigkeit des Ablaufs derartiger Debatten liegt doch etwas Negatives.

Die neuen Technologien könnten auch die Tendenz verstärken, sich auf «opinion polls» und «focus groups» zu verlassen. Glauben Sie nicht, dass es heute eine wachsende Neigung der politischen Führung gibt, sich von der öffentlichen Meinung leiten zu lassen, anstatt diese selbst zu lenken?

Ein Politiker, der sich zu sehr auf solche Umfragen verlässt, läuft Gefahr, dies später bereuen zu müssen. Wenn er nicht weiß, was er mit seiner Macht anfangen soll, warum sollten wir es wissen? Früher oder später werden wir uns fragen: Warum ist er eigentlich an der Regierung? Die öffentliche Meinung ist oft unsicher und oberflächlich; Leute sollen sich zu Themen äußern, zu denen sie gar keine klare Meinung haben und sich am liebsten gar nicht äußern würden. Ich erinnere mich an eine Umfrage in England während der Maul- und Klauenseuche. Da wurde gefragt, ob alle Tiere geimpft oder ob die infizierten Tiere getötet werden sollten. Ich glaube, dass die meisten von uns überhaupt keine Ahnung haben, welches die effizientere Lösung ist. Daher bin ich sehr misstrauisch gegenüber Meinungsumfragen. Ich neige eher zu der Auffassung, dass die politische Führung die Aufgabe hat zu führen, anstatt sich von Meinungsumfragen leiten zu lassen.

Aber dies ist nur der Anfang der Geschichte. Gewiss, alle großen politischen Führer waren in der Lage, die öffentliche

Meinung zu leiten, ihr eine neue Richtung zu geben, vielleicht nicht eine Wende um 180 Grad, aber doch um zehn, zwanzig Grad. Alle politischen Führer haben jedoch auch das Gegenteil erfahren: den Irrtum, den man begeht, wenn man sich den Meinungsumfragen entgegenstellt und sich allzu sicher ist, dass es gelingen wird, die Öffentlichkeit auf seine Seite zu bringen. Nehmen wir das Beispiel Margaret Thatcher, der es unstreitig gelungen ist, die öffentliche Meinung in entscheidenden Fragen zu beeinflussen, etwa als es darum ging, die Übermacht der Gewerkschaften in Großbritannien zu brechen. Bald hörten die Engländer auf, Aktionen der Gewerkschaften zu billigen, die sie jahrzehntelang hingenommen hatten, und unterstützten stattdessen harte Maßnahmen der Regierung zur Einschränkung des Streikrechts. Einige Zeit später versuchte Margaret Thatcher, die öffentliche Meinung von der «poll tax» zu überzeugen, einer Kopfsteuer zur Finanzierung der Gemeinden. Da musste sie feststellen, dass das nicht ging, dass ihr dazu die Überzeugungskraft fehlte. Dabei war die Kopfsteuer keineswegs grundsätzlich inakzeptabel. Ich möchte damit sagen, dass auch diese Art von politischer Führung in Schwierigkeiten geraten kann. Wenn es soweit kommt, sind die Folgen unausweichlich und dramatisch: Die Führung muss abtreten.

In der Welt, in der wir heute leben, werden die wichtigen Entscheidungen nicht mehr im Parlament, sondern auf Ebenen ober- oder unterhalb des Parlaments getroffen. Die politische Führung agiert also gewissermaßen ohne Sicherheitsnetz. Ein interessantes Beispiel ist Blairs Haltung gegenüber dem Euro. Einige seiner Berater sagten ihm, er könne gewinnen, wenn er sich in dieser Auseinandersetzung an die Spitze stellte und die Oberflächlichkeit des Euroskeptizismus entlarvte. Andere warnten ihn: Vorsicht, dies hier ist deine «poll tax»; wenn du versuchst, die Meinung der Nation in dieser Frage zu verändern, und verlierst, wirst du zurücktreten müssen, weil du dein Schicksal an dieses eine Thema geknüpft hast.

Dies ist das Dilemma der neuen Art von Führung, die außerhalb des Parlaments agieren muss und will. Je stärker sie den direkten Kontakt zum Volk sucht, desto zahlreicher die neuen und dramatischen Dilemmata. Der Euro ist in Großbritannien sicherlich das große politische Thema und die wichtigste Entscheidung, die die nächste Regierung zu treffen hat. Doch Blair hat alle Anstrengungen unternommen – und war damit erfolgreich –, dieses Thema aus dem Wahlkampf wie aus der demokratischen Debatte überhaupt herauszuhalten. Weil es zu wichtig ist, ist es auch zu riskant. Berlusconi hat in der *New York Times* erklärt, es sei gefährlich, in Wahlkämpfen von Programmen zu sprechen, das bringe keine Stimmen ein. Blairs Taktik bezüglich des Euro folgt ebendieser Überzeugung.

In einer Situation, in der die politische Führung den direkten Kontakt zum Volk sucht, verlieren Institutionen, Parlamente, ja sogar die Regierung selbst ihre Bedeutung und werden bei der Entscheidungsfindung regelmäßig übergangen; andererseits wächst die Macht von nichtgewählten Persönlichkeiten, von Sprechern, Beratern, Image-Gurus ...

Die Versuchung der Machthaber, sich mit einem engen Kreis von nichtgewählten Beratern zu umgeben, ist sehr groß. Denn diejenigen, die nicht gewählt wurden, müssen ihren eigenen Wahlkreis nicht verteidigen, können infolgedessen dem politischen Führer gegenüber vollkommen loyal sein. Peter Mandelson, Blairs in Ungnade gefallene graue Eminenz, einer der Architekten von «New Labour» und ein Experte in der Manipulation der Presse, hätte niemals Abgeordneter werden sollen. Wenn er auf den Sitz im Parlament verzichtet hätte, wäre er heute vielleicht der mächtigste Mann des Landes nach dem Premierminister, der Generalbevollmächtigte der Downing Street. Dies gilt noch ausgeprägter in den Vereinigten Staaten, wo der Präsident gar keine gewählten Berater haben kann. Hier sind diese beiden Funktionen mithin formell getrennt. Die politische Geschichte Amerikas kennt auch schon aus der Zeit vor Kissinger zahlreiche Beispiele für Berater mit einer ungeheuren Machtfülle, die doch nie dem Test der Volkswahl ausgesetzt wurden.

Aber, ehrlich gesagt, ich sehe darin keine große Gefahr. Die «Wahldiktatur» des britischen Premierministers, wie sie das Westminster-Modell vorsieht, stellt möglicherweise ein ernsteres Problem für die Demokratie dar. Paradoxerweise garantiert in dieser Hinsicht das System der Koalitionsregierungen, wie es in Kontinentaleuropa vorherrscht, größere Transparenz. Denn in einer Koalition verteilt sich naturgemäß die Macht auf eine Anzahl von gewählten Repräsentanten, die unterschiedlichen politischen Gruppen angehören. Diese müssen regelmäßig zusammenkommen und konsultiert werden, bevor Entscheidungen getroffen werden. Bisweilen ist dieses System streng formalisiert wie in Deutschland, bisweilen aber auch weniger formell und weniger transparent wie in Italien. Dies ist gewiss kein entscheidendes Argument zugunsten von Koalitionsregierungen, der Effekt allerdings ist bedenkenswert.

Hat der zunehmende Machtverlust der Abgeordneten seinen Grund nicht auch in der geringen Qualität der politischen Schicht, aus der sie stammen?

Es gibt auch andere Gründe. Ich schrieb kürzlich die Biographie des deutschen Verlegers Gerd Bucerius, der zwölf Jahre lang Mitglied im Bundestag war. Ein bedeutender Parlamentarier, der zunächst Adenauer unterstützte, dann später half, ihn zu stürzen, und der in der politischen Entwicklung Deutschlands nach dem Krieg eine wichtige Rolle spielte. In Interviews wurde er immer wieder gefragt: «Warum sind Sie, ein erfolgreicher Geschäftsmann, in der Politik gescheitert?» Bucerius, der durchaus nicht das Gefühl hatte, gescheitert zu sein, wehrte sich gegen diese Interpretation. Doch die Journalisten ließen nicht locker: «Aber Sie sind doch nie Minister geworden...» Es ist eine heute allgemein verbreitete Überzeugung, dass man gescheitert, dass man ein bloßer «Parteisoldat» ist, wenn man es nur bis zum Abgeordneten gebracht hat; dies sagt viel über die Wertschätzung, die heutzutage die Parlamente genießen, die bestenfalls als Machtreserve gelten. Und es ist ein weiterer Beleg für die Krise der parlamentarischen Demokratie. Auch wenn die Demokratie nicht tot ist, die Parlamente sind es sicherlich.

Eine Folge dieser Situation ist ein tiefgreifender Wandel der Mechanismen bei der Auswahl des politischen Führers. Blair erhielt aus denselben Gründen gegenüber Gordon Brown den Vorzug wie Rutelli gegenüber Amato. Er wurde zum Kandidaten erwählt – nicht aufgrund seiner politischen Fähigkeiten, sondern weil er eine stärkere Faszinationskraft besitzt, die bei den Meinungsumfragen ausschlaggebend ist, weil er der «middle class» entstammt und im Fernsehen einen besseren Eindruck macht.

Dies gilt bis zu einem gewissen Grad für die Nummer eins, für den politischen Führer. Dieser wird oft nicht nach einem demokratischen Auswahlverfahren in der Partei oder in der parlamentarischen Fraktion bestimmt, sondern muss vor allem jemand sein, der in der Welt der Berühmtheiten eine gute Figur macht und einem Publikum gefällt, das gewohnt ist, Film- und Sportstars zu bewundern. Aber es gilt nicht für die gesamte politische Klasse.

Ich habe kürzlich eine sehr treffende Beschreibung für diese Entwicklung gelesen: «Früher waren die Leute berühmt, weil sie etwas Besonderes waren. Heute sind sie etwas Besonderes, weil sie berühmt sind.» Mit dieser Vorgabe kann eine Berühmtheit auch den politischen Prozess vollkommen umgehen und sich eine persönliche Partei schaffen, wie es Berlusconi gemacht hat.

In der Tat. Heute spielen die im parlamentarischen Prozess erzielten Ergebnisse oder gute Regierungsqualitäten im Vergleich mit der persönlichen Ausstrahlung eines Politikers fast eine Nebenrolle. In gewisser Weise ist letztlich auch Blairs «New Labour» die Erfindung einer neuen Partei, die von Anfang an erklärt hat, nichts mehr mit dem zu tun zu haben, was vorher war; sie hat sich gleichsam von der Erbsünde ihrer hundertjährigen Geschichte gereinigt. Zuerst kommt der politische Führer, dann erst die Politik. Aber Vorsicht: Wenn es dann ans Regieren geht, werden sehr wohl Entscheidungen getroffen, und dann erweisen sich auch politische Fähigkeiten. Die Politik geht nicht einfach im Populismus verloren. Politik ist heute zwar dem Showbusiness näher gerückt, aber sie ist noch nicht selbst Showbusiness geworden. Schon die Tatsache, dass Berlusconi, um die Wahlen zu gewinnen, eine Partei gründen, aufbauen und etablieren musste, zeigt dies in aller Deutlichkeit.

Es gibt jedoch Stimmen, die sagen, dass am Ende selbst die politische Klasse und die Parteien überflüssig werden. Stellen wir uns vor, die elektronischen Medien gäben uns tatsächlich die Möglichkeit, uns oft und schnell zu den wichtigen aktuellen Fragen zu äußern – zu genau den Entscheidungen, die die politische Gewalt zu treffen hat. Werden wir die Parteien nicht bald durch einen Mausklick am Computer ersetzen können?

Das halte ich für unmöglich. Die Anregung, Planung und Umsetzung politischer Entscheidungen wird noch lange Zeit die Existenz einer politischen Schicht notwendig machen. Wir sagen ja auch nicht, dass wir in Zukunft keine Autofabriken mehr brauchen, nur weil die Modellpolitik der Unternehmen heutzutage auf Marktforschung basiert. Dies ist vielmehr eine zwangsläufige Folge der Tatsache, dass die Autohersteller inzwischen viel schneller auf die Wünsche und Präferenzen der Öffentlichkeit reagieren. Das Gleiche gilt für die Politik.

Aber Ihre Frage führt zu einem anderen aktuellen Problem, nämlich zu dem, das man als «punktuelle Politik» durch spezifischen Zwecken dienende Entscheidungen bezeichnen könnte. Wenn wir der Bevölkerung eine effiziente Möglichkeit geben sollen, bei wichtigen Themen mitzuentscheiden (so meinen viele), insbesondere bei der Frage der Verwendung von Steuergeldern, wäre es dann nicht am besten, das Volk direkt zu befragen und damit dem Parlament die Entscheidungsbefugnis zu entziehen und der Regierung die Umverteilungsmacht wegzunehmen? Wäre das nicht demokratischer, als die Wähler lediglich alle vier bzw. fünf Jahre zu fragen, ob sie die Linke oder die Rechte wollen?

Dies ist seit einiger Zeit in den Vereinigten Staaten eine reale Option; auf lokaler Ebene gibt es zahlreiche Volksbefragungen – am bekanntesten jene in Kalifornien, dies ist aber nicht das einzige Beispiel –, um zwischen verschiedenen politischen Optionen eine Entscheidung zu treffen. Investieren wir Steuergelder in den Ausbau einer Schule oder in den Bau einer Kläranlage, in ein Krankenhaus oder in eine U-Bahn?

Dieses Verfahren der «zweckgebundenen Steuern» findet auch in Europa immer mehr Zuspruch. Wenn Regierungen zu überlegen beginnen, wie sie beispielsweise die Mehreinnahmen aus der Erhöhung der Benzinsteuer verwenden sollen – für ökologische oder für andere Zwecke – wäre es da nicht besser, gleich diejenigen zu fragen, die diese Steuern bezahlt haben? Die britischen Liberaldemokraten zum Beispiel machten bereits Wahlkampf mit dem Slogan «Ein Prozent Einkommensteuer mehr für die Bildung»; sie warben also um Stimmen für eine ganz bestimmte Politik. Dies ist eine Methode, den Volksvertretern, also dem Parlament, die Entscheidungskompetenz zu entziehen oder sie zumindest zu beschneiden, indem zukünftige politische Entscheidungen bereits im Wahlkampf vorausbestimmt werden. In Europa gibt es seit langem schon solche «zweckgebundenen Steuern» in der Form von Beiträgen zur Renten- und Pflegeversicherung oder zu den Krankenkassen.

Dem Volk direkt oder indirekt die Entscheidungsbefugnis zu übertragen, könnte also ein Weg sein, ihm auf die politische Entscheidungsfindung konkreten Einfluss zu geben – einen

Einfluss, der größer ist als heute, wo das Volk lediglich die Möglichkeit hat, zwischen Sozialisten, Konservativen und Liberalen zu wählen. Aber selbstverständlich hat diese Tendenz weittragende Konsequenzen; auf die Spitze getrieben, würden damit die Volksvertreter gänzlich überflüssig, denn an ihre Stelle träten ständige Volksbefragungen zu Steuern.

Schon jetzt werden mir regelmäßig die Veröffentlichungen einer Organisation zugeleitet, die die Wahl der Regierenden aus der Bürgerschaft per Losverfahren fordert sowie die Schließung der Parlamente. Auf der anderen Seite sind ähnliche Tendenzen ja bereits im Referendum vorweggenommen. In Italien war das Referendum in einer bestimmten Phase seiner Geschichte und bezogen auf die Bürgerrechte ein sehr innovatives politisches Instrument. Nachdem es inzwischen auch auf technische und speziellere Probleme übertragen und sehr häufig in Anspruch genommen wurde, ist es als politisches Instrument praktisch tot und wird von der Wählerschaft abgelehnt. In Großbritannien ist das Referendum zur Stärkung der lokalen Autonomie groß in Mode.

Was ist Ihre Meinung über die so genannte Referendums-Demokratie?

Volksentscheide sind eine Folge der zunehmenden Schwäche der zwischen Volk und Macht vermittelnden, intermediären Instanzen. Mein Haupteinwand gegen das Referendum lautet, dass es nur Schnappschüsse gibt. Von den Wählern wird verlangt, Entscheidungen gleichsam aus dem Stegreif zu treffen. In einem bestimmten historischen Moment, zu dem die Urheber hoffen, dass das Ergebnis ihren Interessen entspricht. In der Regel bleibt keine Zeit für jene fundierte Diskussion, die ein wesentlicher Grundzug der Demokratie ist. Unter anderem bedeutet Demokratie, dass Entscheidungen durch und nach Debatten getroffen werden. Vor der Entscheidung sind die Argumente abzuwägen und zu bewerten. Volksentscheide dagegen sind – mit der einzigen Ausnahme der Schweiz –

meines Erachtens nicht das Ergebnis einer wirklichen Debatte. Die Parteien wenden in der Tat viel Energie an die Taktik der Bestimmung des richtigen Zeitpunktes für ein Referendum und der genauen Formulierung der Frage. Denn Fragestellung und Zeitpunkt beeinflussen maßgeblich das Ergebnis. So war es in Großbritannien bei den Referenden, in denen die Schotten und Waliser zu entscheiden hatten, ob sie ein Parlament haben möchten. So war es in Italien beim Referendum in der Region Lombardei. Meiner Ansicht nach ist dieses Verfahren eine Abdankung der Politik von ihrer Verpflichtung zur demokratischen Debatte, an deren Stelle ein Schnappschuss der öffentlichen Meinung gesetzt wird.

Aber es gibt weitere Gründe, diesem Instrument zu misstrauen. Es kann leicht als Popularitätstest für Politiker und Regierungen gebraucht und missbraucht werden, weil es die vermittelnden Institutionen gezielt ausschaltet. Und noch der positive Aspekt des Referendums als eines Mittels, die Machthabenden von Zeit zu Zeit aufzuwecken, wird immer wieder dadurch vereitelt, dass die Stimmbeteiligung sehr niedrig ist. Das gilt sogar in der Schweiz, wo häufig nicht mehr als 30 bis 35 Prozent der Wähler zu den Urnen gehen. Die Schweizer haben sich mit diesem Zustand abgefunden. Was aber geschähe in einem größeren Land, wenn die Beteiligung derart gering oder noch geringer ist? Welche Legitimation hätten solche Volksentscheide dann überhaupt noch? In Italien wird ein Volksentscheid ungültig, wenn ein Quorum von 50 Prozent nicht erfüllt ist; was in der Tat vielfach der Fall war.

Trotz meiner Einwände kann ich verstehen, dass in einer Zeit politischer Unbeständigkeit, in der das parlamentarische System nicht mehr in gewohnter Weise funktioniert, die Versuchung groß ist, sich auf die Referendums-Demokratie zu verlassen. Es gibt Situationen, in denen Volksentscheide sogar als zwingend notwendig erscheinen, etwa bei der Verabschiedung einer Verfassung. Selbst in diesem Fall jedoch sollte man sich vor Romantizismus hüten. Auch wenn man das Volk bittet, über eine Verfassung zu entscheiden, dürfte die Antwort eher ein Votum über die augenblickliche Popularität von Politikern als über den Inhalt der Verfassung sein. In unseren Gesellschaften des 21. Jahrhunderts, für die Popularität, Publikumswirkung und Marktforschung gleichsam zur Obsession geworden sind, läuft auch der Volksentscheid Gefahr, sich in ein Schema einzufügen, das nicht wirklich demokratisch ist. Bei dieser Jagd nach dem «demos» bevorzuge ich Instrumente, die die öffentliche Debatte befördern, anregen und gewährleisten. Paradoxerweise erfüllen diese Aufgabe am ehesten die «Fokusgruppen», in denen «repräsentative» Personen wenigstens ausführlich über die Probleme diskutieren. Hier ist das Problem die Repräsentativität. Es ist kein Randproblem, denn die Zukunft eines Landes kann nicht von einer kleinen Stichprobe bestimmt werden, die mit den Mitteln und nach den Kriterien der Marktforschung ausgewählt worden ist.

Warum sind in Deutschland Volksentscheide von der Verfassung verboten? Und warum wird heute so intensiv darüber diskutiert, sie einzuführen?

In der Verfassung Deutschlands ist das Instrument des Referendums nur in einem einzige Fall vorgesehen: bei der Neugliederung der Bundesländer. Das Grundgesetz ist eine Reaktion auf das Scheitern der Weimarer Verfassung. Nach dem Krieg war man der Meinung, dieses Scheitern sei unter anderem der Tatsache zuzuschreiben, dass die Verfassung zu viele Möglichkeiten gab, parlamentarische Entscheidungen zu umgehen. Insbesondere die Direktwahl der Reichspräsidenten schreckte die Väter des Grundgesetzes ab. Deshalb gab es nach der Tragödie des Nationalsozialismus das Bestreben, jede Form der direkten Demokratie möglichst zu vermeiden.

Heute ist Weimar weit weg und die Angst geringer, dass die direkte Befragung des Volkes zu Missbrauch und zu antidemokratischen Entwicklungen führen kann. Viele, gerade auch viele liberal Denkende, sind der Ansicht, dass es Themen gibt, bei denen man die Wähler nach ihrer Meinung fragen sollte.

Aber Deutschland ist noch aus einem anderen Grund ein interessanter Fall. Man muss bedenken, dass nationale Volksbefragungen in Europa heute auch Auswirkungen auf andere Nationen haben. Ich denke an den hypothetischen Fall eines Volksentscheids in Deutschland oder Österreich über die Erweiterung der Europäischen Union. Es ist klar, dass die anderen Länder auf ein ablehnendes Ergebnis irgendwie reagieren müssten und versuchen würden, dieses Ergebnis zu neutralisieren. So geschehen, als die Dänen den Maastrichter Vertrag ablehnten und in der Europäischen Union ein Kompromiss gefunden werden musste, um den Vertrag zu retten – indem man Kopenhagen ein sogenanntes «Opt-out» gab. Etwas Ähnliches ist im hypothetischen Fall eines Referendums zur EU-Erweiterung keineswegs undenkbar (und ist schon jetzt real bei der Frage, wie sich das Nein der Iren beim Volksentscheid zum Vertrag von Nizza überwinden lässt). Durch solche Manöver wird aber der Volksentscheid noch problematischer. Was heißt es schon, wenn der Volkswille durch eine Übereinkunft der Regierenden über den Haufen geworfen werden kann?

Sind Sie nicht allzu pessimistisch, was die demokratische Reife der Völker betrifft?

Vielleicht. Auf der anderen Seite halte ich jene Thesen einer radikalen Demokratie für allzu optimistisch, die eine Vergangenheit idealisieren, in der erwachsene und mündige Bürger sich auf dem Marktplatz versammelten und über den Staat und den Zustand der öffentlichen Dinge debattierten. Diese Welt gibt es schon sehr lange nicht mehr. Und als es sie gab, war sie schwerlich ideal, denn – wie schon gesagt – die demokratischen Rechte wurden von einer sehr beschränkten Zahl von Menschen ausgeübt, die sich an Entscheidungen beteiligen konnten: Vom «demos» der «polis» blieben die Sklaven, die Besitzlosen, die Frauen, die Jugend, die Kranken und andere ausgeschlossen. Das idealisierte Bild des «demos» ist falsch.

Deshalb war die repräsentative Demokratie auch ein so bedeutender Schritt nach vorn. Und die heutigen Krisensymptome, die wir bisher beschrieben haben, bestärken mich in meinem Wunsch, von ihr so viel wie möglich zu retten. Vor allem deshalb, weil wir dringend Foren brauchen, in denen eine Debatte auf geordnete, wohlbedachte Weise stattfinden kann.

Vermittler

Unser Gespräch über den Volkswillen hat die Erinnerung an die siebziger Jahre in mir wachgerufen – eine völlig andere, extrem ideologisierte und politisierte Situation. Aber auch damals, in einer Schwächephase der parlamentarischen Demokratie, gab es jede Menge Leute, die für sich beanspruchten, eine außerparlamentarische Volksvertretung zu sein. Eine dieser Gruppen nannte sich nicht zufällig «Servire il popolo» – «Dem Volk dienen».

Wir befinden uns heute in einer gänzlich neuartigen Situation. Die Institutionen, die in der Vergangenheit zwischen dem «demos» und der Macht vermittelten – die Parlamente und die parlamentarischen Parteien – scheinen leider nicht mehr in der Lage zu sein, diese Aufgabe zu erfüllen. Gewiss, es gibt sie noch, sie haben ihre Bedeutung noch nicht völlig verloren, aber sie sind kein hinlängliches Instrument mehr, um den öffentlichen Diskurs zu prägen, der die Demokratie kennzeichnet, oder diesen Diskurs in die Entscheidungen gewählter Regierungen zu übersetzen. Sie führen weder zu Entscheidungen, noch dienen sie der Kontrolle. Zwischen der Macht und dem Willen des Volkes ist eine Kluft entstanden. Um diese Kluft zu schließen, müssen wir uns heute die Frage stellen: Welche anderen vermittelnden Institutionen und Organisationen werden sich durchsetzen?

Ein Blick auf die Realität zeigt uns einige charakteristische Züge der neuen Vermittler. Zum Beispiel die Medien. Schon die Etymologie des Begriffs besagt, dass ihr Sinn und Zweck die «Vermittlung» ist; sie bilden ein Bindeglied zwischen öffentlicher Meinung und Macht. Ein weiterer neuer Vermittler ist der komplexe Bereich der «Nichtregierungsorganisationen», die den Anspruch erheben, das Volk in vielerlei Formen zu vertreten, und die auf dem internationalen politischen Parkett eine zunehmend wichtige Rolle spielen. Außerdem hat sich als merkwürdiges Relikt des alten parlamentarischen Systems eine weitere intermediäre Instanz herauskristallisiert: Parteien, die nur noch wenige Mitglieder haben und zu Apparaten, zu «Maschinen» geworden sind, die ständig «Benzin» brauchen, also ungeheuer kostspielig sind – ein Zerfallsprodukt der alten Politik, das sich den neuen Verhältnissen angepasst hat. Als solche Vermittler empfehlen sich freilich auch andere Organe, aber die oben genannten scheinen mir heute die typischen und wichtigsten zu sein.

Wenn Sie von «Medien» sprechen, meinen Sie dann den sogenannten «CNN-Effekt»?

Auf internationaler Ebene ist der Einfluss von Fernsehstationen wie CNN auf politische Führer und Regierungen durch Mobilisierung der globalen öffentlichen Meinung hinreichend bekannt und analysiert. Ich beziehe mich hier aber auf die Rolle der Medien im nationalen demokratischen Prozess. Vor einiger Zeit forderte ein Leitartikel der britischen *Sun*, Europas meistverkaufter Boulevardzeitung, den Premierminister auf, die Wahlen wegen der Rinderseuche zu verschieben, und schloss mit dem Satz: «Die *Sun* weiß, was die Leute wollen.» Die explizite Anmaßung einer politischen Rolle! Dies ist natürlich ein krasses Beispiel. In vielen anderen Ländern wäre dieses politische Thema weitaus vorsichtiger angegangen worden; viele Zeitungen in Kontinentaleuropa würden den Anspruch auf nationale Repräsentanz nicht mit solcher Selbstsicherheit formulieren. Aber ob mehr oder weniger dreist, die Überzeugung, das Volk auf irgendeine Art und Weise zu vertreten, ist in den Medien überall präsent.

Dies wirft wichtige Fragen auf. Vor allem: Wer hat die Verfügungsgewalt über diese neuen Vermittler? Ich glaube nicht, dass die Medien die öffentliche Meinung bestimmen; aber es ist sicher realistisch zu sagen, dass sie sie beeinflussen. Sie spiegeln nicht nur die Denkweise der Leute, sie lenken sie auch in die eine oder andere Richtung. Daher ist es im Interesse der Demokratie enorm wichtig – und zwar heute in weit stärkerem Maße als in der Vergangenheit –, dass es eine Pluralität von Medien gibt, dass also weder Monopole noch Kartelle entstehen. Gleichermaßen wichtig ist, dass die Medien kritisierbar sind, das heißt, dass es einen dialektischen Prozess gibt, in dem andere Medien, aber auch Institutionen und Organisationen diese Medien beurteilen, kritisieren und in Zweifel ziehen können.

Ich werfe hier ein Problem auf, das die Italiener nur allzu gut kennen; es war im letzten Wahlkampf ein Thema und ist auch nach den Wahlen auf der Tagesordnung geblieben. Ein noch dramatischeres Beispiel für die Bedeutung dieses Problems stellt jedoch Russland dar, wo die unabhängigen Medien sehr schnell verschwunden sind und eine drastische Einschränkung des Pluralismus stattgefunden hat, so dass man sich zu Recht fragen kann, ob den Bürgern noch eine im demokratischen Sinn ausreichende Meinungsvielfalt zur Verfügung steht. Ähnliche Probleme stellen sich leider in vielen Teilen der Welt.

Bei der Suche nach Abhilfe müssen wir ernsthaft über die Rolle des öffentlichen Fernsehens und des öffentlichen Rundfunks nachdenken, damit die Informationen wenn schon nicht neutral, so doch zumindest pluralistisch sind und daher ein möglichst breites Spektrum an Positionen anbieten. Auch dies wird zunehmend schwieriger und komplizierter, wie das Beispiel des öffentlich-rechtlichen Fernsehens in der Tschechischen Republik zeigt. Aber es ist auch in Großbritannien ein Problem, wo die BBC durch den Wettbewerbsdruck mit den Privaten um Fernsehzuschauer zunehmend gedrängt wird, ihre Verpflichtung zu objektiver und pluralistischer Information einzuschränken. Wie also kann die Neutralität der öffentlich-rechtlichen Sender garantiert werden? Dies ist eine wichtige Frage im Zusammenhang mit der Zukunft der Demokratie, die nicht leicht zu beantworten ist. Sollte man allen Parteien die Möglichkeit geben, sich zu äußern? Wir haben gesehen, dass die Parteien keineswegs der einzige und vielleicht auch nicht der überzeugendste Ausdruck der demokratischen Vielfalt sind. Kann es unabhängige Instanzen geben, hinter denen keine Parteien stehen?

Ist die Gefahr beim Medium Fernsehen nicht besonders groß? Ist das Fernsehen eine gefährlichere Waffe als die Presse?

Alle intermediären Instanzen können die Demokratie gefährden, denn sie lassen sich missbrauchen und besitzen nicht dasselbe Maß an Legitimität wie in der Vergangenheit die parlamentarischen Parteien. Der Einfluss, den eine kleine Zeitung ausübt, ist freilich geringer – und daher ist auch die Gefahr geringer – als der einer Fernsehstation, die ein größeres Publikum erreicht und deren Bilder und Nachrichten kritische Diskussion weder voraussetzen noch fördern. Aber das Medium selbst ist gar nicht entscheidend. Englische Boulevardzeitungen, die es zum Glück in Italien oder in Frankreich gar nicht gibt, verfügen über einen sehr viel größeren Einfluss als das Fernsehen. Wichtig ist, dass man es diesen neuen Vermittlern nicht gestatten darf, so zu agieren, wie es den alten Vermittlern mit Recht erlaubt war. Dass die *Sun* sich als eine Art Partei definieren kann oder sich wie eine Partei verhält, ist nicht akzeptabel, denn dadurch entsteht eine tiefgreifende Verwirrung im demokratischen Prozess.

Zu den «neuen Vermittlern» haben Sie auch die Nichtregierungsorganisationen gerechnet, die sogenannten NGOs. Dies scheint mir etwas völlig anderes zu sein als die Medien...

Und etwas sehr Interessantes. Die NGOs spielen im demokratischen Prozess eine zunehmend wichtigere Rolle. Ich bin ein leidenschaftlicher Verfechter der Bürgergesellschaft, die ich stets als ein Netzwerk von Assoziationen verstanden habe, die zwar nicht Teil der politischen Struktur sind, aber dem Wunsch der Menschen Rechnung tragen, Projekte zu realisieren, indem sie sich zusammentun. Ich befürworte daher eine

Welt, in der die Politik nicht alles ist, in der sich vielmehr ein Großteil des Lebens außerhalb des politischen Raumes abspielt. Andererseits hat in den letzten Jahren der Gedanke der Bürgergesellschaft eine breitere und komplexere Bedeutung gewonnen. Immer häufiger sehen wir uns bürgergesellschaftlichen Organisationen und Verbänden gegenüber, die öffentliche oder halböffentliche Aufgaben übernehmen. Das gilt zum Beispiel für die NGOs in den Entwicklungsländern, wo sie diese Rollen in zugleich positiver und fragwürdiger Weise spielen. Sie sind dort politischen Führern und Regierungen sehr nahe gerückt und üben auch starken Einfluss auf die Medien aus.

Doch dasselbe Phänomen zeigt sich heute in unseren Gesellschaften. Ich nehme hier Großbritannien als Beispiel, das mir von besonderer Bedeutung zu sein scheint. Organisationen wie «Save the Children» oder «Oxfam» haben im Vereinigten Königreich unumstritten eine öffentliche Bedeutung erlangt, ganz zu schweigen von den zahlreichen Stiftungen, die zunehmend öffentliche Aufgaben wahrnehmen. In Großbritannien gibt es einen schriftlichen Vertrag zwischen NGOs und der Regierung, den sogenannten «Compact», der so etwas wie einen regelmäßigen Kommunikationskanal gewährleistet. Dieser Vertrag garantiert den Nichtregierungsorganisationen eine gewisse Unabhängigkeit; das Besondere aber ist, dass die Unabhängigkeit durch die Regierung selbst garantiert wird – statt dass man im Gegenteil nichts mit der Regierung zu tun haben will. In manchen Fällen lassen sich NGOs und Regierungsorganisationen gar nicht mehr klar unterscheiden. Die «Royal Society for the Blind» oder «Lifeboat» wurden zwar als ehrenamtliche Organisationen gegründet, haben aber heute eindeutig öffentliche Aufgaben übernommen. Sie sind so wichtig, dass der Staat ihre Tätigkeit übernehmen müsste, wenn diese Organisationen nicht existierten. Es gibt also einen immer größeren Bereich, in dem sich «Nichtregierungs»-Aufgaben und Regierungsaufgaben überschneiden. Das extremste Beispiel im Vereinigten Königreich ist das staatliche Gesundheitswesen, das ohne die Mitwirkung zahlreicher organisierter freiwilliger Helfer zusammenbrechen würde. Neulich nahm ich an einer Parlamentsdebatte teil, in der es darum ging, ob diesen Freiwilligen nicht die Mitgliedschaft in der Gewerkschaft erlaubt sein müsste, wie allen, die im öffentlichen Dienst tätig sind.

Ein anderes Beispiel: Der New Deal der Regierung Blair zur Bekämpfung der Arbeitslosigkeit zwingt die Arbeitslosen, zwischen drei Alternativen zu wählen: einem Arbeitsplatz, einer Ausbildung oder so genannten freiwilligen Tätigkeiten in NGOs. Staatliche Aufgaben sind also derart eng mit solchen Nichtregierungsorganisationen verflochten, dass man sie als einen neuen Typus der Vermittlung zwischen Volk und Staatsmacht bezeichnen muss. Sie zögern nicht, sich offen und öffentlich an der politischen Debatte zu beteiligen – im Namen derer, die zu vertreten sie beanspruchen.

Das ist ein interessantes Phänomen, das vielleicht besser als viele andere den gegenwärtigen Wandel illustriert, den Crouch als «postdemokratisch» bezeichnet hat. Diese Organisationen stellen in vieler Hinsicht eine Bereicherung der Gesellschaft dar, und ich bin froh, dass es sie gibt. Aber man kann durchaus darüber streiten, ob es richtig ist, dass sie zu öffentlichen Fragen Stellung beziehen, wenn sie etwa in Anspruch nehmen, die englischen Kinder, die ländliche Bevölkerung oder die ethnischen Minderheiten zu vertreten.

In einigen Ländern wie beispielsweise Deutschland erhalten diese Organisationen oft auch beträchtliche finanzielle Mittel aus öffentlichen Geldern. In Großbritannien ist dagegen die private Unterstützung traditionell stärker, und öffentliche Gelder erhalten sie nur ausnahmsweise und nur für bestimmte Einzelprojekte. Aber hier wie dort übernehmen diese Nichtregierungsorganisationen quasi öffentliche Aufgaben. Das macht sie noch stärker und mächtiger. Sie verweisen auf eine Zukunft, die mir zugleich Freude und Sorge macht.

Sie sagen: Je größer sie sind, desto größer ist auch ihr Bedarf an Geld. Je größer ihr Bedarf an Geld, desto stärker müssen sie sich Gehör verschaffen und in den Medien präsent sein. Und je stärker sie sich Gehör verschaffen, desto mehr wächst ihre politische Bedeutung.

Mehr oder weniger. Ich habe kürzlich an einem Treffen in Mailand teilgenommen, das von einer solchen neu gegründeten Organisation veranstaltet wurde; und ich stellte mit einiger Überraschung fest, dass ihr größtes Anliegen darin bestand, in den Medien präsent zu sein und auf diese Weise staatliche Mittel zu erhalten. Wo doch die Hauptsorge darin bestehen sollte, wie die Ziele, deretwegen diese freiwillige Assoziation gegründet wurde, am besten erreicht werden könnten.

Vielleicht ist die neue Vermittlungsinstanz, die die größte Gefahr darstellt, jene, die Sie als «Parteimaschinen» bezeichnet haben, Apparate, die auch nach dem Untergang der traditionellen Parteien fortbestehen.

Tatsächlich gibt es Parteien nicht mehr als Vehikel der breiten Anhängerschaft und der aktiven Mitgliedschaft. Auch in Ländern, in denen sie traditionell über eine breite Basis verfügten, sind sie als solche in einem raschen Niedergang begriffen. Ein krasses Beispiel ist Österreich, wo man lange Zeit kaum eine Anstellung fand, wenn man nicht Mitglied einer Partei war; man war als Staatsbürger gleichsam verpflichtet, rot oder schwarz zu sein. Aber auch hier beobachten wir einen massiven Niedergang der politischen Teilnahme. Was übrig bleibt, sind also die Maschinen, die Apparate. Diese sind mit Sicherheit die Vermittler, die die größte Gefahr darstellen. Sie sind von der demokratischen Basis abgekoppelt und müssen sich niemandem gegenüber verantworten. Trotzdem spielen sie bei der Auswahl der politischen Führung und des politischen Personals nach wie vor eine bedeutsame Rolle.

Bisher haben wir von den Medien und den Nichtregierungsorganisationen gesprochen, von Vermittlern also, die Meinungen kanalisieren und bestimmte Interessen vertreten. Die Parteiapparate dagegen arbeiten völlig anders: Sie wollen ihren Aktivisten Machtpositionen verschaffen. Wir haben es bereits gesagt: Mit dem Fernsehen allein wäre Berlusconi niemals Ministerpräsident geworden. Auch wer über einen so mächtigen Vermittler verfügt, wie es die Medien sind, braucht eine Parteimaschine. Für diese Apparate sind Wahlen – anders als für die traditionellen Parteien – nicht mehr das Mittel, um Parlamente zu konstituieren, sondern eines, um ihren Aktivisten Machtpositionen zu verschaffen.

Diese Entwicklung bereitet mir große Sorgen. Je geringer die Mitgliederzahl der Parteien, desto mehr Geld brauchen sie, und das muss aus anderen Quellen kommen als den Mitgliedsbeiträgen, die die finanzielle Basis der sozialistischen und auch der christlich-demokratischen Parteien ausmachten. Daraus resultieren Interessensverflechtungen, die dunkle Schatten auf die demokratische Legimität werfen. Die bittere Wahrheit lautet, Parteiapparate sind käuflich.

Sprechen Sie von Korruption im eigentlichen Sinn?

Auch. In vielen europäischen Ländern gab es in den vergangenen zehn Jahren Skandale, in die hochrangige Politiker verwickelt waren. Analysiert man diese Skandale, stellt man fest, dass sie sämtlich mit politischen Führern begannen, die Geld brauchten, um die Maschinen ihrer Parteien zu finanzieren und auf diese Weise sich selbst und ihre Freunde an die Macht zu bringen. Möglich, dass sich einige dieser Führer persönlich bereichert haben. Aber der Auslöser ist stets der Appetit der Parteiapparate. Das schafft Formen der Abhängigkeit. Wenn es kein eigentliches «do ut des» gibt, wird zumindest der Prozess der Entscheidungsfindung – oder der Nicht-Entscheidungsfindung – beeinflusst.

In Europa ist der Fall anders gelagert und ernster als die Einflussnahme der Lobbys in den Vereinigten Staaten, von der wir bereits gesprochen haben. Hier handelt es sich nämlich um Korruption im eigentlichen Sinn, deren Bedenklichkeit außer Frage steht. Ich habe keinen Grund, an den Beteuerungen von Kanzler Kohl zu zweifeln, dass er sich an den Geldern seiner Partei nicht bereichert hat. Aber sicher ist ebenso, dass er zu Beginn seiner politischen Laufbahn ein einfacher junger Historiker war, der mit seinem Einkommen gerade seine Familie ernähren konnte. Heute ist er Multimillionär, der mehr als nur im Wohlstand lebt. Wie kann das sein? Ich wiederhole, ich möchte damit keineswegs sagen, dass Gelder auf sein Konto geflossen sind. Aber unzweifelbar sind die politischen Führer am Ende ihrer Laufbahn nicht ärmer als am Anfang. Auch bei Craxi war das nicht der Fall.

Und dennoch kennen Sie das Argument, das häufig, besonders in Italien, diesen Vorbehalten entgegengesetzt wird. Die Parteien sagen, dass die Demokratie Geld kostet und dass entweder der Staat oder sonst jemand bezahlen muss.

Ganz gewiss ist die öffentliche Finanzierung das kleinere Übel. Ich möchte sogar hinzufügen, dass die traditionellen Aufgaben der Parteien – die politische Debatte in Gang zu bringen und im Parlament umzusetzen – für die Demokratie von essentieller Bedeutung sind. Ich teile nicht die These, derzufolge die Demokratie ohne die Parteien besser funktioniert. Aber wir sprechen hier von vollkommen neuen Phänomenen, von Apparaten, die lediglich den Namen der Partei beibehalten. Ihre Rolle beschränkt sich immer mehr auf die eines Vehikels, um bestimmte Personengruppen an die Macht zu bringen. Wenn dies ihre Aufgabe ist, dann möchte ich, dass diese Maschinen den Grundregeln der Rechnungslegung unterworfen werden, wie sie ähnlich für die Verwaltung der öffentlichen Gelder gelten; dass sie auf eine sichere und transparente finanzielle Basis gestellt werden; und dass die Finanzierung strengen Regeln der Prüfung unterliegt. Diese Apparate müssen unbedingt unter Kontrolle gebracht werden.

Antipolitik

Wir haben über die Bedrohungen der Demokratie von außen gesprochen, aber auch über viele Gefahren, die im Innern der demokratischen Systeme lauern. Es gibt aber eine ungleich subtilere und heimtückischere Bedrohung für das System der repräsentativen Regierung: die populistischen politischen Führer, die immer häufiger auftauchen.

Populismus ist ein Merkmal von Diktaturen und totalitären Systemen. Könnte sich dieser Populismus heute auch in der Demokratie etablieren und Formen autoritärer Demokratie hervorbringen?

Das ist schwer zu sagen. Nicht zuletzt, weil es ein zweischneidiger Begriff ist. Was für den einen Populismus ist, kann für einen anderen Demokratie sein. In gewisser Weise berufen sich beide auf das Volk. Das griechische «demos» und das lateinische «populus» bedeuten letztlich genau dasselbe. Man kann jedoch sagen, dass der direkte Appell an das Volk, ohne den Filter von Parlamenten und demokratischen Debatten, leicht in Populismus umschlagen und daher von populistischen Führern ausgenutzt werden kann. Sie machen sich die Tatsache zunutze, dass die öffentliche Meinung zu vielen Themen oft oberflächlich und schwankend ist.

Im Verlauf unseres Gesprächs habe ich mehrmals gesagt, dass einer der größten Verluste, die ich heute beklage, die mangelnde demokratische Auseinandersetzung ist, eine informierte und besonnene Debatte über die großen Fragen. In der traditionellen Demokratie lag hier die Aufgabe der Parlamente. Je schwächer aber die Parlamente werden und je mehr sie diese Rolle verlieren, umso weniger Chancen bestehen für eine solche demokratische Debatte und desto mehr ungerechtfertigte Macht eignen sich die neuen Vermittler an. Populisten treiben diesen Prozess bewusst voran mit dem Ziel, die Debatte zu überspringen und einen Konsens auf Grund von vermeint-

lichen oder tatsächlichen, mehr oder weniger tief empfunde-
nen Gefühlen der Bevölkerung zu schaffen.

Dies war stets die Basis einer antidemokratischen Politik:
das Volk gegen die Rechte des Volkes zu benutzen, um ihm sein
Recht auf Selbstbestimmung zu rauben. In Zeiten, in denen
die Vermittlerrolle von Parlamenten und Parteien schwach ist,
wird diese Versuchung besonders groß. In gewisser Weise können wir noch von Glück sagen, dass extreme populistische Bewegungen in unserer Situation der Schwäche der Demokratie
so wenig Erfolg haben. Die Bewegung Le Pens hat sich als sehr
schwach erwiesen, diejenige von Haider scheint im Niedergang. Auch Bossi ist in großen Schwierigkeiten und mehr
durch seine Koalitionspolitik an die Regierung gekommen als
durch seine Stärke bei den Wählern.

*Sehen Sie die Gefahr eines autoritären Rückschritts der Demo-
kratie?*

Dafür gibt es bereits zahlreiche Beispiele. In Amerika war
diese Gefahr stets vorhanden. Aber die beiden im Augenblick
interessantesten Beispiele liegen in Europa, es sind Italien und
Großbritannien. In Italien ist heute ein Führer an der Macht,
der offensichtlich populistische Züge trägt, der Politik, Parteien und parlamentarische Debatte nicht mag und der seine
Legitimität lieber direkt aus den Volk ableitet. In vieler Hinsicht tut Blair genau das Gleiche, auch wenn sein persönlicher
Hintergrund ein völlig anderer ist. Auch er schätzt das Parlament nicht, ebenso wenig die Wahlkampfdebatte, der er sich
genau wie Berlusconi entzogen hat; auch er betrachtet die Kon-
frontation und unbequeme Fragen als einen inakzeptablen
persönlichen Angriff. Beide politischen Führer denken und
handeln, als würden sie ihre Legitimität direkt durch das Volk
und nicht durch die demokratischen Institutionen beziehen.

Dies entspricht der weit verbreiteten, globalen Tendenz, aus
der jeweiligen politischen Führung eine Medien-Berühmtheit
zu machen, wobei die Popularität in den Medien wichtiger ist

als politische Programme. Diese Popularität wird bedenkenlos ausgenutzt, um an die Macht zu kommen – ein typisches Beispiel für die – wie wir es nannten – «Wegwerfpolitik». Eine riskante Situation, die zu dem führt, was ich als «schleichenden Autoritarismus» bezeichnen möchte. Das geschieht nicht plötzlich etwa von dem Moment an, da ein politischer Führer an die Macht kommt oder Gesetze erlassen werden, die die demokratischen Rechte beschneiden. Es handelt sich vielmehr um einen sehr viel langsameren Prozess, in dessen Verlauf die Menschen allmählich akzeptieren, dass Entscheidungen nicht im Zuge der parlamentarischen Debatte getroffen werden, sondern auf weniger transparente und stark personalisierte Weise.

Wir müssen zwischen Totalitarismus und Autoritarismus klar unterscheiden. Der totalitäre Populismus hat sich in der Vergangenheit womöglich ganz ähnlicher Methoden bedient, um an die Macht zu kommen – eher des Rundfunks als des Fernsehens –, aber er hat diese Mittel benutzt, um das Volk zu organisieren und zu mobilisieren, es jubeln und marschieren zu lassen, nicht jedoch, um es zum Schweigen zu bringen. Der Begriff des «Totalitarismus» war in der Tat eine Erfindung des italienischen Faschismus; zumindest in der ersten Phase wurde er auch vom deutschen Nationalsozialismus verwendet. Das politische Ziel war es, sicherzustellen, dass man dem Führer in Uniform und Gleichschritt Gefolgschaft leistete.

Was heute geschieht, hat mit all dem nichts zu tun, sondern ist etwas völlig anderes. Es ist der Versuch – eines Führers oder einer Nomenklatura –, Entscheidungen möglichst jenseits aller Kontrollen zu treffen, und dies angesichts einer grundsätzlich desinteressierten und apathischen Bevölkerung. Der Autoritarismus beruht ja geradezu auf dem freiwilligen Verzicht auf Protest. Und auf der Apathie, der Nicht-Beteiligung und der Schwäche von Institutionen der Kritik und des Protestes wie der Parlamente, Oppositionsparteien oder unabhängigen Medien. In vielen Ländern können wir sehen, wie die aktuelle Popularität eines politischen Führers sich mit dem kollektiven Desinteresse an Politik verbindet. Apathie heißt nicht unbedingt, dass die Leute nicht zur Wahl gehen. Es heißt, dass sie auf eine informierte, ständige und dauerhafte Kontrolle der Verwaltung der öffentlichen Dinge verzichten.

Diese Tendenz beunruhigt mich sehr, denn ich sehe darin ein langfristiges Phänomen, das letzten Endes zum Verstummen des demokratischen Diskurses führen kann. Wir leben in Gesellschaften, die man immer öfter als «Demokratien ohne Demokraten» bezeichnen könnte, das heißt als Gesellschaften, in denen die Bürger ihren Pflichten als Staatsbürger nicht nachkommen. Es ist aber eine staatsbürgerliche Pflicht, den Mund aufzumachen und sich zu äußern – nicht unbedingt als Mitglied einer Partei und nicht unbedingt als Berufspolitiker. Vielmehr im Bewusstsein des großen Privilegs, in einer liberalen Ordnung und in einer Demokratie zu leben – wachsam gegenüber jeder, auch der geringsten Beeinträchtigung der Freiheit. Eine Demokratie lebt nicht ohne eine demokratische Kultur der Wachsamkeit, die von allen getragen wird. Eine aus Demokraten bestehende Demokratie macht denen, die an der Macht sind, das Leben schwer, während eine autoritäre Ordnung ihnen das Leben allzu leicht macht. Und die autoritäre Ordnung verfolgt ja genau dieses Ziel. Wie die letzten britischen Wahlen gezeigt haben, können sogar Wahlen ein beinahe bedeutungsloses Instrument werden. Für die politische Führung ist es einfach, angesichts einer apathischen Grundstimmung die Wahl zu gewinnen, selbst wenn ein allgemein verbreitetes Gefühl von Unzufriedenheit und Kritik vorherrscht. Dadurch werden neue autoritäre Akte der Machthabenden geradezu herausgefordert, was den Verfall der demokratischen Kultur beschleunigt – ein Teufelskreis. Die «Demokratie ohne Demokraten» ist ganz gewiss der Beginn einer neuen und unerfreulichen Entwicklung.

Dennoch gibt es Stimmen, die sagen, es sei gut, wenn die Demokratie langweilig ist, da dies bedeutet, dass es keine wirklichen inneren und äußeren Gefahren gibt, die die Leute zwingen, sich zu mobilisieren.

92

Ich möchte keinesfalls der Mobilisierung das Wort reden, geschweige denn einer völligen Politisierung des sozialen Lebens. Im Gegenteil wäre dies, wie ich bereits gesagt habe, nur eine andere Seite des Totalitarismus, wenn die Politik alle Bereiche des öffentlichen Lebens durchdringen würde. Wenn ich von einer «Bürgergesellschaft» spreche, auf die ich mich zur Verteidigung der Demokratie berufe, so denke ich an ein Netzwerk von Tätigkeiten und Assoziationen, die nicht eigentlich politisch oder parteiisch sind. Historische Studien verweisen darauf, dass eine sehr hohe Wahlbeteiligung oft eher eine Krise der Demokratie als ihre Stärke anzeigt. Ich halte es für durchaus legitim, sich von der Politik fernzuhalten, auch von den Wahlen.

Dennoch liegt es auf der Hand, dass die demokratische Apathie implizit ein Verhalten der Mächtigen toleriert und billigt, dem eine Gesellschaft aktiver Bürger eigentlich etwas entgegensetzen müsste. Wir brauchen wachsame Bürger, die auf der Hut sind und sich Gehör verschaffen, wenn sich eine Krise der Demokratie abzeichnet. Unter demokratischen Verhältnissen ist es die Stimme des Volkes, die zählt; wenn diese Stimme aber schweigt, entsteht leicht eine Situation, in der sie sich auch dann nicht mehr Gehör verschaffen kann, wenn es dringend geboten wäre.

Eine solche Apathie kann sich zum Beispiel dadurch äußern, dass man politische Führer an die Macht kommen lässt, die keine Berufspolitiker sind, sondern Quereinsteiger.

Eine der Folgen einer gewissen Politikverdrossenheit ist die wachsende Überzeugung, dass man nur jemanden von der Universität Bologna namens Prodi oder den Magnaten eines Fernsehimperiums namens Berlusconi zu holen braucht, und schon wird alles besser. Nach meiner Ansicht ist das ein großer Irrtum. Ich will nicht sagen, Wirtschaftsprofessoren und Unternehmer könnten nicht lernen, die Wege der Politik zu beschreiten. Aber die Politik hat ihre eigenen Gesetze. Die Erwartung, jemand von außen, der sich als Kritiker der Politik Popularität erworben hat, sei besser als andere, führt meines Erachtens in die Irre. Einer der Gründe, weshalb Berlusconi in seiner ersten Amtszeit als Premier scheiterte, war sicherlich die Annahme, es genüge, die Strategien auf die Politik zu übertragen, die für seinen Weg als Unternehmer bisher so erfolgreich waren. Das ist offenkundig gescheitert, und es wird interessant sein zu sehen, was nun in seiner zweiten Amtszeit geschieht. Oft höre ich, dass er inzwischen besser versteht, was das Geschäft der Politik erfordert. Hoffentlich stimmt das.

Denn die Politik ist vor allem die Notwendigkeit, Entscheidungen zu begründen. Daran sind Unternehmer nicht gewöhnt, auch nicht im «demokratischen» angelsächsischen Kapitalismus, also gegenüber einer Aktionärsversammlung. In der Politik aber ist dies unabdingbar, selbst wenn es einem nicht gefällt, wenn man die Notwendigkeit dazu nicht sieht und es für vertane Zeit hält. Politik bedeutet Handeln durch Überzeugen und Debattieren, nicht durch Befehlen. Dies gilt ganz besonders in Europa. In Amerika kann der gewählte Präsident eine Menge Leute entlassen, wenn er an die Macht kommt, und sie durch loyale Personen ersetzen, die seine Sache verfechten, oft in persönlicher Abhängigkeit. In Europa dagegen funktioniert der Staatsapparat durch eine Vielzahl von Staatsbeamten, die die Entscheidungen der Regierung umzusetzen haben, woraus eine sehr viel zwingendere Notwendigkeit resultiert, die Politik zu erklären und Entscheidungen verständlich zu machen. Ich beobachte, dass dieser Prozess bei denen, die von außerhalb der Politik kommen, Ungeduld und Irritation hervorruft, bis sie ihrer Enttäuschung und Ohnmacht Luft machen, indem sie sich mit denen anlegen, die sie doch zur Umsetzung von Ideen brauchen. Es gibt also spezifische Aspekte des politischen Prozesses, die überdies in einem Rechtsstaat durchaus legitim sind: nicht zuletzt die Notwendigkeit, sich bei allem Tun und Handeln an die rechtlichen Grenzen, ja die verfassungsmäßigen Zwänge zu halten, über die sich ein «Outsider» am liebsten hinwegsetzen würde.

Glauben Sie, dass Berlusconi eine Gefahr für die Demokratie darstellt?

Objektiv gesehen, ja. Obwohl ich sicher bin, dass sein Ehrgeiz eher darauf zielt, ein klassischer, legitimierter und anerkannter Premierminister zu werden. Ich glaube, er wird sich darum bemühen, insbesondere wenn er sich lange an der Macht halten kann, was er sich ja offensichtlich vorgenommen hat. Ich würde sagen, Berlusconi ist ein sehr interessanter Fall, weil er auf des Messers Schneide agiert. Es ist weniger sein Wille als vielmehr seine Natur, die ihn zur Gefahr für die Demokratie werden lässt, denn sie drängt ihn, seine Doppelrolle als politischer Führer und als Medienzar, ja als Besitzer einer Partei, die ohne ihn gar nicht existieren würde, zu missbrauchen. Andererseits wird er seinen Hang zum Populismus, seinen Ehrgeiz und die Notwendigkeit, als verlässlicher demokratischer Führer in und außerhalb Italiens Anerkennung zu finden, ständig gegeneinander abwägen müssen. Diese gefährliche Zweideutigkeit entspringt dem Umstand, dass er an der Macht bleiben will und gleichzeitig ein heikles Instrument der Vermittlung zwischen Volk und Macht kontrollieren muss: sein Medienimperium. Meines Erachtens widerspricht dies völlig der liberalen Ordnung. Ich bin überzeugt, in einer liberalen Ordnung ist der Rechtsstaat, also das Vorhandensein von Regeln, die die Kontrolle der Macht garantieren und letzten Endes auch die Möglichkeit friedlicher Veränderung, ein entscheidendes Element. Die unabhängigen Medien sind, wie wir gesehen haben, in diesem Prozess ein wichtiges Instrument. Daher muss es Normen geben, die eine Verflechtung dieser beiden Rollen verhindern. Dies wirft ein besonderes und sehr italienisches Problem auf. Denn wenn es so dringend nötig ist, Regeln und Mittel zur Einhaltung dieser Regeln zu haben, kommt der Judikative und ihrer Unabhängigkeit eine noch größere Bedeutung zu. Ohne diese Unabhängigkeit gibt es keine Freiheit. In einer Welt, in der die Demokratie geschwächt ist, wird der Rechtsstaat, die Herrschaft des Gesetzes, zur letzten Bastion der Freiheit.

In vieler Hinsicht ist Berlusconi ein neues und nie da gewesenes Phänomen in Europa. Glauben Sie, dass er anderswo Nachahmer finden wird?

Nicht auszuschließen, dass sich etwas Ähnliches in anderen Ländern Europas vollzieht. Auch in der Vergangenheit gab es Verflechtungen von Positionen in Politik und Geschäftswelt, und bisweilen handelte es sich um Unternehmen, die in politischer Hinsicht bedeutsam waren. Lord Beaverbrook zum Beispiel, Herausgeber und Besitzer von Zeitungen, war Minister in einer Regierung Churchills. Ich würde also sagen, kein europäisches Land ist gegen eine solche Gefahr gefeit. Die demokratische Szene ist heute viel zu bewegt, als dass man ähnliche Entwicklungen anderswo ausschließen könnte. Freilich, es gibt Geschäfte und Geschäfte. Das Problem ist nicht, ob ein Politiker reich ist. Auch ein Reicher hat das Recht, sich zur Wahl zu stellen. Das Problem ist vielmehr, ob seine wirtschaftlichen Interessen Bereiche innerhalb des öffentlichen Raums berühren und damit den demokratischen Prozess beeinflussen.

Sie halten es demnach für wichtig, die Regierungsfunktion von der Position eines Medienunternehmers zu trennen. Wie sollte das geschehen? Es ist nicht leicht. Das System des «blind trust» beispielsweise ist auf Italien nicht anwendbar, weil der Geschäftsmann und politische Führer stets wissen wird, wo seine Interessen liegen, selbst wenn sie von einem anderen wahrgenommen werden.

Im Falle Berlusconis ist die Antwort relativ einfach. Er ist der Eigentümer von Medien, und daher besteht die einzig mögliche und befriedigende Lösung in der vollständigen Trennung von politischem Amt und unternehmerischen Interessen. Also vollständiger Verkauf und Verzicht auf jede Einflussnahme auf die Firmen. Mediaset muss in die Hände eines neuen Besitzers übergehen, der auch nicht im entferntesten etwas mit Berlusconi zu tun hat. Hier geht es um den Vorrang des öffentlichen gegenüber einem privaten Interesse. Denn eines ist klar: Die Medien spielen im öffentlichen Leben eine besondere Rolle, im Gegensatz beispielsweise zur Automobilindustrie – ein Beispiel, das in Italien besonders relevant ist. Könnte ein «blind trust» im Falle eines Autoproduzenten noch funktionieren, so gilt diese Lösung nicht für einen Fall wie Berlusconi. Neben diesem «blind trust» bieten sich noch viele Möglichkeiten an. In Großbritannien wird in diesen Jahren eine ausgiebige Diskussion über die Moral im öffentlichen Leben geführt. Westminster hat einen wichtigen Ausschuss gebildet, der solche Fragen untersucht; er ist zu Recht von großer Bedeutung, und seine Arbeit wird im Allgemeinen sehr geschätzt. Ich will damit sagen, dass man, wenn man nur will, ad hoc institutionelle Arrangements finden kann.

Im Falle Berlusconis sehen wir uns einem interessanten Interessenkonflikt – wenn man so sagen kann – zwischen Demokratie und Rechtsstaat gegenüber. Denn ein von Berlusconi angeführtes Argument lautet, dass die, die ihn gewählt haben, zu diesem Thema bereits ihre Meinung kundgetan, ihn freigesprochen und legitimiert haben. Welche Autorität könnte stärker sein als das Gesetz der Mehrheit?

Deshalb glaube ich eben, dass der Rechtsstaat die letzte Bastion der Freiheit ist. Ähnliche Fälle gab es auch anderswo. Chirac zum Beispiel hat den Richtern, die ihn anklagen wollten, genau dasselbe gesagt: «Wer glaubt ihr, dass ihr seid? Ich bin der Ausdruck des Willens des Volkes, das mich zum Präsidenten der Republik gewählt hat.» Clinton hat es mehr oder weniger mit derselben Taktik versucht; aber in Amerika existieren im Falle des Präsidenten besondere Verfahren, und am Ende musste er sich fügen. Ich kann es in keinem Fall akzeptieren, dass sich die gewählte Führung über das Gesetz stellt. Wir würden gewiss nicht akzeptieren, wenn man uns etwa sagen würde: Nun gut, da ihr mich gewählt habt, interpretiere ich euren Willen so, dass ich die Wahlen abschaffe. Wir dürfen diese Entwicklung keinesfalls hinnehmen. Es bleibt das Herzstück der liberalen Ordnung, dass jeder dem Gesetz unterworfen ist, gleich, welche Position er bekleidet oder welche Weihen ihm durch die Wählerschaft zuteil geworden sind. Man kann für die Gewählten und Regierenden besondere Regelungen der Kontrolle und Ermittlung treffen, aber es muss immer auch möglich sein, ein Strafverfahren einzuleiten, wie es in den Vereinigten Staaten mit dem Impeachment möglich ist. Niemand steht über dem Gesetz. Je mehr die Demokratie aus dem Ruder läuft, desto wichtiger wird die Verteidigung des Rechtsstaats.

Das bedeutet aber doch, dass sich die Judikative, die nicht gewählt ist, über die Exekutive stellt, die gewählt ist.

Diese Gefahr besteht. Aber das beunruhigt mich nicht besonders. Denn es ist letztlich immer einfacher, die judikative Gewalt zu beschränken, wenn sie ihre Macht missbraucht, als die Macht derjenigen, die die gerichtliche Gewalt behindern.

Ethik

Der auf dem Mehrheitsprinzip beruhende demokratische Ent-scheidungsprozess bezieht sich im Allgemeinen auf Themen des öffentlichen Interesses, also auf Bereiche, in denen der Gesell-schaftsvertrag eine Beschränkung der Freiheit der Bürger vor-sieht, um dafür einen kollektiven Vorteil zu schaffen.

Aber was geschieht, wenn die Legislative in den Bereich der individuellen Freiheiten eingreift? Diese Frage gewinnt mit dem Fortschritt in den Naturwissenschaften und den Möglich-keiten der neuen Technologien zunehmend an Aktualität. Was ich sagen will: Wenn ich eines fernen Tages entscheiden könnte, ob ich männliche Zwillinge mit blauen Augen oder eine Tochter mit dunklen Augen haben möchte, welches Recht hätte das Parlament, meine Wahlfreiheit zu beschränken?

Dies ist eine äußerst heikle, aber hochaktuelle Frage.

Eine Debatte darüber, ob die Steuern erhöht oder gesenkt werden sollen, gilt in der Demokratie zu Recht einem Gegen-stand, über den unterschiedliche Meinungen und Interessen miteinander streiten. Wer in dieser Debatte am Ende unter-liegt, muss akzeptieren, dass er in der Minderheit ist; die Verlie-rer sind in ihren Grundrechten nicht verletzt. Dem normalen demokratischen Procedere ist Genüge getan.

Wenn es aber um ein ethisches Dilemma geht, und zudem noch Elemente der Wissenschaft ins Spiel kommen, ist es sehr viel schwerer, ja, ich denke, unangemessen, nach den traditionellen Mechanismen der Demokratie zu verfahren und das Mehrheitsprinzip anzuwenden. Ich weiß, dass diese Hal-tung folgenschwer und für jemanden wie mich, der das demo-kratische Prinzip verteidigt, ungewöhnlich ist. Aber ich bin überzeugt, dass man eine Entscheidung über das Klonen von Menschen nicht mit einer parlamentarischen Mehrheit von 50 Prozent plus eins treffen kann. Um es klar zu sagen: Auch eine größere Mehrheit, sagen wir 75 Prozent, halte ich nicht für ausreichend. Denn die Minderheit vertritt in diesem Fall eine radikal andere Position und verdient besonderen Schutz, weil es um ein Grundverständnis des Menschen und damit um dessen Grundrechte geht.

Was also tun? Es gibt darauf im Augenblick keine fertige und allgemein akzeptierte Antwort. Gewiss, man wird zu einer Entscheidung kommen müssen. Denn wenn man dem Einzelnen, den Forschungszentren und der Industrie freie Hand lässt, gerät man in die Situation der Vereinigten Staaten, wo die Zentralregierung beschlossen hat, Forschungen im Bereich der Gentechnik finanziell nicht zu fördern, aber gleichzeitig nicht zu regeln, was private Träger und Institutionen tun dürfen. Hier ist die Frage erlaubt: Geht die Freiheit der Wissenschaft so weit, dass alles, was technisch möglich ist, auch erlaubt ist?

Ich musste mich mit dieser Frage im britischen Parlament ausführlich auseinander setzen, wo es darum ging zu entscheiden, ob Forschungen an embryonalen Stammzellen erlaubt sein sollen und wenn ja, innerhalb welcher Grenzen. Wie Sie wissen, liegt das öffentliche Interesse an diesen Forschungen darin, dass es in Zukunft möglich sein könnte, heute unheilbare Krankheiten wie Parkinson, Alzheimer und so weiter erfolgreich zu bekämpfen. Hier wird vom Staat die Erlaubnis verlangt, Forschungen an Zellen durchzuführen, aus denen sich menschliches Leben entwickeln kann. Ich bin Mitglied eines Ausschusses im britischen Oberhaus, der sich mit den politischen, kommerziellen, wissenschaftlichen und ethischen Implikationen dieses Problems beschäftigt und über die Akzeptabilität dieser Entwicklung einen Bericht angefertigt hat. Ich bin zu der Überzeugung gelangt, dass es in einer derart wichtigen Frage falsch wäre, nach dem herkömmlichen parlamentarischen Prinzip zu verfahren: nämlich die Frage an das Unterhaus weiterzugeben, wo die gewählten Vertreter des Volkes sitzen, die dann darüber abstimmen und Gesetze erlassen. Nein, dieses Thema verlangt eine andere Vorgehensweise und eine andere Art der Debatte. Ich bin daher nicht mit der

Voraussetzung Ihrer Frage einverstanden: Hier handelt es sich eindeutig um ein öffentliches Interesse, und diese Fragen im Namen der individuellen Freiheit aus der öffentlichen Debatte herauszuhalten, führt zu keiner Lösung, wie uns das Beispiel USA zeigt. Es bedarf im Gegenteil einer breiteren, längeren und von Sonderinteressen unbeeinflussten Diskussion.

Hier liegt jedoch zugleich die Schwierigkeit für eine traditionelle Demokratie, die sich auf den gesunden Menschenverstand gründet, das heißt, Entscheidungen zu Themen trifft, die jedem Bürger verständlich sind. Wenn ich also zu diesen Themen eine «informierte Debatte» fordere, meine ich etwas grundlegend anderes. Der gesunde Menschenverstand kann uns nicht sagen, ob die Verwendung von adulten Zellen ebenso wirksam ist wie die Verwendung von embryonalen Zellen. Um uns dazu eine Meinung zu bilden, müssen wir die Wissenschaftler befragen, die in diesem Forschungsbereich tätig sind, oder wenigstens Personen, die über eine adäquate Kenntnis der Techniken und Ziele verfügen. Der gesunde Menschenverstand führt uns auch nicht zur vollen Einsicht in die ethischen Implikationen oder gibt eine Antwort auf die Frage, die diesem Dilemma zugrundeliegt: Wo beginnt die menschliche Würde? Schon bei den ersten Zellen, die die Wissenschaftler als «totipotent» bezeichnen, die also die Fähigkeit haben, sich in alle möglichen Richtungen auszudifferenzieren? Und an welchem Punkt ihrer Entwicklung spezialisieren sich diese Zellen so weit, dass aus ihnen menschliches Leben im eigentlichen Sinn wird? Muss man auch beim Umgang mit diesen Zellen das Prinzip der Unverletzlichkeit des Individuums beachten? Die Antwort auf diese Fragen ist sehr schwierig; sie muss wahrscheinlich anderen als den demokratischen Entscheidungswegen folgen.

Deshalb halte ich es für das Beste, solche Fragen nichtgewählten Gremien anzuvertrauen, wie es das britische Oberhaus ist. Denn die Lords haben keine Wählerschaft, der sie in ein, zwei Jahren Rechenschaft schulden, und die politischen Parteien geben ihnen keine Anweisungen oder machen ihnen

Vorschriften, wie sie in diesen Fragen zu entscheiden haben; daher haben sie Gewissensfreiheit. Außerdem sitzen in diesem Gremium zahlreiche Persönlichkeiten, die sich lange mit der Materie beschäftigt haben – Bischöfe, Wissenschaftler, die Forschungen betreiben oder betrieben haben, aber auch solche, die den Standpunkt der pharmazeutischen Industrie kennen und vertreten.

Es mag wenig demokratisch erscheinen, einer nichtgewählten Versammlung den Vorzug zu geben. Aber ethische Dilemmata wie diese lagen zu der Zeit, als John Stuart Mill über Parlamente und den repräsentativen Staat schrieb und den «gesunden Menschenverstand» zum Leitstern der demokratischen Debatte erhob, noch außerhalb des Denkbaren.

Deutschland zum Beispiel hat eine parlamentarische Enquete-Kommission ins Leben gerufen, aber auch einen Nationalen Ethikrat gegründet, der aus Experten besteht und direkt an die Regierung Bericht erstattet. Ich möchte nicht ausschließen, dass in Zukunft alle technologisch entwickelten Länder neue und ähnliche Institutionen ins Leben rufen müssen, eine Art Ethiksenat, der zwar vom gewählten Parlament unabhängig ist, dennoch aber das Vertrauen der Öffentlichkeit genießt und in der Lage ist, wohl überlegte und unparteiische Entscheidungen zu fällen. Denn so wichtig die Debatte ist, sie ist nicht alles; am Ende muss eine Entscheidung getroffen werden. Ich meine, in ethischen Fragen müssen wir einen indirekten und nicht einen direkten Weg hin zur Gesetzgebung beschreiten; wir müssen neue Lösungen für den schwierigen Pfad der demokratischen Entscheidung ausprobieren, der das öffentliche Interesse durch Debatten zur Entscheidung bringt.

In Großbritannien kommen ähnlich wie in Italien, Frankreich und Deutschland die stärksten Einwände gegen das therapeutische Klonen von Seiten der katholischen Kirche. Kann Ihrer Meinung nach ein religiöser Glaube oder eine moralische Überzeugung in einer demokratischen Debatte bindend sein?

Muss die Demokratie einer Minderheit, und sei sie noch so klein, Rechnung tragen, die ein ethisches «non possumus» ausspricht?

Im Großen und Ganzen sehe ich, wie gesagt, Mehrheitsentscheidungen in diesem Bereich mit Unbehagen. Auf der anderen Seite aber muss man zu Entscheidungen kommen, und diese werden niemals einstimmig sein. Wir sprechen hier vom therapeutischen Klonen. Aber betrachten wir einen Augenblick die Frage, die durch das in Holland verabschiedete Euthanasiegesetz aufgeworfen wurde. Ich würde in diesem Fall gar nicht von Euthanasie sprechen, weil die gesetzlichen Vorschriften extrem einschränkend gefasst sind und die Entscheidung, ein Menschenleben zu verkürzen, erst dann zugelassen wird, wenn dieses Leben am Ende ist, wenn die Krankheit unheilbar ist, wenn zwei Ärzte diese Entscheidung billigen und wenn der Kranke leidet und seine Zustimmung gibt. Und dennoch hätte ich mir gewünscht, dass auch ein solches Gesetz auf so breiter Ebene und so sachkundig diskutiert worden wäre, wie ich es vorhin gefordert habe; mich überzeugt nicht die Vorstellung einer parlamentarischen Abstimmung, bei der eine Partei deshalb mit «nein» stimmt, weil sie sich christlich, und eine andere mit «ja» stimmt, weil sie sich liberal nennt.

Es erscheint mir also falsch, diese Art von Debatten zu politisieren. Nicht zuletzt deshalb, weil Wissenschaft und Technik die Grenzen der Diskussion ständig erweitern. Kaum war in Holland dieses sehr behutsame Gesetz verabschiedet worden, kam der Vorschlag, eine «Selbstmordpille» zu verteilen, die es dem Kranken erlaubt, selbst zu entscheiden, wann er seinem Leben und seinem Leiden ein Ende setzen will. Was geschieht hier: Man einigt sich auf eine restriktive Gesetzesnorm, und gleich gibt es den Druck, die Maschen dieses Gesetzes zu vergrößern, denn schon sind auch die technischen Möglichkeiten dafür vorhanden. Wir müssen sehr wachsam sein. Und wir dürfen nicht das in der öffentlichen Meinung tief verwurzelte Gefühl ignorieren, dass nicht alles, was möglich ist, auch erlaubt sein darf. In ethischen Fragen müssen wir meines Erachtens Grenzen festlegen, Bereiche definieren, in denen auch eine kleine, aber bedeutende Minderheit vom Gesetz der Mehrheit nicht überstimmt werden kann. Auch wenn diese Minderheit nur zehn Prozent der öffentlichen Meinung repräsentiert.

Aber damit ist das Problem noch keineswegs gelöst. Es handelt sich hier um Themen von enormer Tragweite. Kehren wir zum therapeutischen Klonen zurück. Einige Länder sagen vielleicht «nein». Aber was machen diese Länder, wenn andere, mehr oder weniger weit entfernt liegende Länder, «ja» sagen? Wenn die medizinische Forschung in einem anderen Staat ein Mittel gegen Alzheimer findet, was dann? Werden wir die Einfuhr des Medikaments verbieten, das durch Forschungen gewonnen wurde, die wir für ethisch nicht gerechtfertigt halten? Und was hätte das für einen Sinn?

Vor Jahrzehnten stand in Europa eine ähnliche Frage auf der Tagesordnung, die heute eher in den Hintergrund gerückt ist: die Atomenergie. Einige Länder sagten: Wir möchten mit der Atomenergie nichts zu tun haben, wir möchten keine Forschungen durchführen und nichts tun, was der Entwicklung der Atombombe dienen könnte. Aber am Ende importierten sie Atomstrom aus Frankreich, das eine andere Entscheidung getroffen hatte. Die ethischen Fragen heute stellen uns vor eine ähnliche Situation. Wenn wir es nicht tun, tun es vielleicht andere. Im Fall der Euthanasie ist es unschwer vorstellbar, dass in Zukunft deutsche, belgische oder französische Kranke um Aufnahme in holländischen Krankenhäusern bitten, um dort das zu bekommen, was in ihren eigenen Ländern verboten ist.

Ein ausgezeichnetes Argument für eine internationale Gesetzgebung in diesen Bereichen.

Ja, aber ich vermute, auch in einem solchen Fall werden die Vereinigten Staaten nicht bereit sein, gemeinsame Kriterien zu formulieren. Wir sprechen von einer Welt, in der es keine für alle verbindliche moralische Instanz mehr gibt. Im katholischen

Europa gab es lange Zeit eine solche Autorität: die Kirche. Diese Universalmacht ist seit langem verschwunden. Selbst im katholischen Irland, wo bis vor nicht allzu langer Zeit die Abtreibung streng verboten war, traten viele junge Frauen die kurze und billige Reise nach London oder in andere englische Städte an, um eine ungewollte Schwangerschaft unterbrechen zu lassen, ungeachtet der Gesetze in ihrem eigenen Land und der Morallehre ihrer Religion. An der Debatte um das therapeutische Klonen im britischen Oberhaus nahmen viele der sechsundzwanzig Bischöfe teil, die bei der Abstimmung teils pro, teils contra votierten.

Sie haben Euthanasie und die Forschung an embryonalen Stammzellen auf eine Stufe gestellt. Aber im Falle der «Sterbehilfe» geht es tatsächlich und ausschließlich um die individuelle Freiheit. Müssen wir daher den ethischen Widerstand einer Minderheit auch angesichts der Freiheit des Einzelnen berücksichtigen, wenn es darum geht zu entscheiden, bis zu welchem Punkt sein Leben wert ist, geschützt zu werden?

Ja, unbedingt. Denn es besteht die Sorge, dass, sobald die Entscheidung der Freiheit des Einzelnen überlassen ist, die Folgen für das Ganze nicht mehr kontrollierbar sind. Und ich sehe keine andere Möglichkeit, als die Entscheidung darüber außerhalb von Gremien zu treffen, die ihrer Natur nach parteiisch und parteigebunden sind; zumindest aber die der Entscheidung vorausgehende Debatte in Foren zu verlagern, für die das nicht gilt. Zumindest erreichen wir dadurch ein stärkeres Bewusstsein der Öffentlichkeit für die ungeheure Komplexität dieser Themen.

Manche meinen, es müsse erst so etwas wie ein Hiroshima geben, bevor man dazu kommt. Denn erst der Abwurf der Atombombe auf die Zivilbevölkerung gab uns überhaupt eine Vorstellung von der Zerstörung, die der menschliche Geist ersinnen kann. Es ist schrecklich, dies sagen zu müssen, aber ohne Hiroshima wäre es womöglich zu einem Atomkrieg in großem Ausmaß gekommen. Nur weil wir die Gewalt der Atombombe erprobt haben, haben wir keine Waffen entwickelt, die zweitausend, zwanzigtausend oder zweihunderttausend Mal mehr Zerstörung anrichten könnten. Erst dadurch haben wir einen Sinn dafür entwickelt, wie zerstörerisch diese Waffen sein können.

Kürzlich habe ich dasselbe Argument in Bezug auf die Genetik gehört: Erst eine Katastrophe würde die Menschen wachrütteln, so dass sie sich fragen, ob wir dies tatsächlich wollen, ob dies eine Macht ist, mit der wir uns ausstatten wollen. Es ist schwer, solchem Pessimismus zu widersprechen. Ich bezweifle seit langem, dass wir auf noch so begründete Prognosen reagieren. Nehmen wir die Gefährdungen der Umwelt. Ich habe den Verdacht, dass wir uns erst dann ernsthaft mit den Folgen der Umweltzerstörung für unser Leben auseinander setzen, wenn Holland zur Hälfte im Meer versunken ist. Ich fürchte, bei der Genetik ist dies nicht anders.

Sie haben also kein Vertrauen in die öffentliche Debatte, die innerhalb der wissenschaftlichen Welt stattfindet?

Doch, aber ich denke, die wissenschaftliche Welt muss den Einflüssen von außen ausgesetzt werden. Mit anderen Worten: Das Hauptmotiv, das mich drängt, «Ethiksenate», wie wir es genannt haben, vorzuschlagen, liegt in der Einsicht, dass die Wissenschaftler nicht allein gelassen werden dürfen. Ihre Art und Weise, ihre Interessen zu verfolgen und ihre Überzeugungen zu verteidigen, ist nicht selten dogmatisch und manchmal sogar irreführend. Daher ist es so wichtig, dass wir präzise Fragen stellen. Und in der Tat, auf die Frage, ob adulte Stammzellen für therapeutische Zwecke ebenso gut geeignet sind wie embryonale, erhält man sehr unterschiedliche Antworten. Fragt man dann weiter, ob die jeweilige Antwort über alle Zweifel erhaben sei, lautet meistens die Antwort, ganz sicher sei man sich nicht, aber irgendein Kollege sei auf der Grundlage von Experimenten zu diesem Schluss gekommen. Kurzum: Es muss jemanden geben, der nicht nur an den Nobelpreis und an wissenschaftlichen Ruhm denkt, sondern imstande ist, unablässig und unerbittlich Fragen zu stellen. Die wissenschaftliche Welt verhält sich manchmal wie ein Kartell. Nur noch gefährlicher.

Glauben Sie, dass die Wissenschaftler, die mit öffentlichen Mitteln Forschung betreiben, vertrauenswürdiger sind als diejenigen, die in der privaten Wirtschaft tätig sind?

Ich denke, man kann sagen, dass bei all diesen großen ethischen Fragen immer auch ein kommerzielles Interesse mit im Spiel ist. Irgendwo gibt es also immer einen Wissenschaftler, der käuflich ist. Wenn die kommerziellen Interessen besonders ausgeprägt sind, wird man wahrscheinlich Wissenschaftler finden, die bereit sind, den Gegenstand ihrer Forschung entsprechend auszuwählen oder deren Ergebnisse auf die vorteilhafteste Weise zu präsentieren. Denken Sie nur an den Rinderwahn oder an den Ausbruch der Maul- und Klauenseuche. Wenn man diese beiden Beispiele genauer analysiert, wird man sehen, wie wichtig es ist, kommerzielle Interessen und wissenschaftliche Forschung zu trennen. Wenn es darum geht, Entscheidungen zu treffen, möchte ich ganz klar wissen, ob es um die Wissenschaft oder ums Geld geht. Die privat finanzierte wissenschaftliche Forschung läuft deshalb ganz eindeutig Gefahr, sich zu einem Instrument kommerzieller Interessen zu machen. Dies ist eine Realität, der wir ins Auge sehen müssen.

Lassen Sie mich nun auf ein Thema zu sprechen kommen, das nur zum Teil ein anderes ist. Sie haben gesagt, moralischer Widerstand gegen die wissenschaftliche Forschung sei legitim. Aber was passiert, wenn ich moralische Bedenken gegenüber der Art und Weise habe, wie meine Regierung Flüchtlinge behandelt, die politisches Asyl suchen? Oder wenn ich ethische Vorbehalte gegenüber Gesetzen habe, die festlegen, ab welchem Alter ein Mensch seine Zustimmung zu Sex geben kann, ohne dass der Partner Gefahr läuft, wegen Pädophilie verurteilt zu werden? Sind nicht auch dies ernst zu nehmende moralische Gründe?

In geringerem Maße. Denn in diesen Fällen gerät man leicht in das von Isaiah Berlin beschriebene Dilemma: dass es nämlich Fälle gibt, in denen es unmöglich ist zu entscheiden, wer mit seinen Vorstellungen Recht hat. In den Beispielen, die Sie angeführt haben, trifft dies in stärkerem Maße zu, in den Fällen, über die wir vorhin gesprochen haben, in geringerem Maße. Was ich meine, ist Folgendes: Es gibt Politiker, die behaupten, Einwanderung habe positive Auswirkungen auf ein Land, Einwanderung sei die wichtigste Quelle der Vitalität und Kreativität eines Landes. Andere dagegen sagen, Einwanderung verändere, ja zerstöre das Leben und die Traditionen einer Gemeinschaft, beispielsweise die Sprache, die Kultur und die Religion. Ich meine, diese Positionen oder in gewisser Weise auch Moralstandpunkte sind nicht eindeutig richtig oder falsch. Natürlich gehe ich davon aus, dass sie ehrlich gemeint sind, dass nicht politische, wahltaktische Motive dahinterstecken und sie nicht als Instrumente des Populismus missbraucht werden. In solchen Fällen hätte Isaiah Berlin im Namen des Pluralismus gesagt, eine Entscheidung sei nicht möglich. Im Falle der Pädophilie lautet die Frage wieder anders. Im Gegensatz zur Euthanasie kann man sagen, dass es sich hier um einen so persönlichen und individuellen Bereich handelt, dass darüber keine öffentliche Entscheidung getroffen werden kann. Aber das Gegenargument lautet, dass ein Heranwachsender in eine Abhängigkeitsbeziehung zu seinem älteren Partner geraten könnte. Dies ist durchaus von öffentlichem Interesse, weil es um den möglichen Machtmissbrauch von Personen geht, die eine Autorität verkörpern: Lehrer, Priester, Aufsichtsführende überhaupt. Daher hat die Öffentlichkeit auch das Recht und die Pflicht, hier eine Position zu beziehen und gesetzliche Regelungen zu erlassen. Ich bin ein Liberaler, ich halte es für notwendig, dass der

Staat sich nicht in rein private Angelegenheiten einmischt, und daher habe ich kein Interesse an Regelungen für das, was Erwachsene aus freiem Willen in ihrem Privatleben machen. Aber Machtmissbrauch, der zu sexueller Abhängigkeit führt, ist meines Erachtens durchaus von öffentlichem Interesse und muss daher Gegenstand öffentlicher Auseinandersetzung sein.

Jedenfalls ist klar, dass die Entscheidung auf Grundlagen getroffen werden muss, die nicht denen der traditionellen Linien der Politik entsprechen. Mich schaudert angesichts der Vorstellung eines Wahlkampfs, der mit moralischen Themen geführt wird. Andererseits sind genau dies die Themen, die die Öffentlichkeit stärker beschäftigen und mehr spalten als traditionelle Diskussionen wie die Steuerdebatte. Wir müssen also neue Institutionen finden beziehungsweise bereits bestehende Institutionen beauftragen, die nicht auf die nächsten Wahlen Rücksicht nehmen, nicht auf die Tagesstimmungen schielen und sich in ihrer Entscheidung nicht nach dem jeweils populärsten Standpunkt richten müssen.

Aber solange es diese Institutionen nicht gibt und diese fundierte Debatte nicht stattfindet, beschäftigen uns diese Dilemmata in unserem alltäglichen Leben trotzdem weiter. Und oft ist es die judikative Gewalt, die aufgerufen ist, sie zu lösen. Das zeigt etwa das Beispiel des englischen Richters, der zu entscheiden hatte, ob der Tod eines siamesischen Zwillings in Kauf genommen werden darf, um das Leben des anderen zu retten, und der das Urteil gegen den Willen der Eltern gefällt hat.

Wie Sie sehen, ist die traditionelle Politik nicht in der Lage, diese Probleme zu lösen. Deshalb sucht man eine Entscheidung anderer Art, häufig in der richterlichen Gewalt. Lassen Sie mich sagen, dass dort im Allgemeinen die Probleme aufmerksam bewertet und vernünftig gelöst werden. In dem von Ihnen angeführten Fall, der in der Öffentlichkeit großes Aufsehen erregt hat, schien mir die Entscheidung nicht einmal besonders schwierig. Den Fehler in dieser Angelegenheit machten die Eltern, die den beiden Teilen einer einzigen Person viel zu früh eigene Namen gaben, obwohl klar war, dass es sich um ein einziges Lebewesen handelte. Für den Richter war es relativ einfach, richtig zu entscheiden. Im übrigen gibt es in solchen Fällen gar keine andere Möglichkeit, als sich an eine gerichtliche Instanz zu wenden, sei es ein Richter, eine Jury oder eine Sachverständigengruppe. Denn ein Urteil muss gefällt werden, und zwar schnell. Die Schwierigkeit besteht eher darin, wie die Richter ausgewählt werden sollen, wer sie sind und über welche Kompetenzen und Qualitäten sie verfügen. In Großbritannien ist die Zahl der Richter begrenzt, und ich glaube, man kann sagen, dass sie tatsächlich unabhängig sind. In Italien ist ihre Zahl zehnmal höher, aber ihre Position und die Art und Weise ihrer Unabhängigkeit ist grundlegend anders und sehr umstritten. Ernsthaft über die richterliche Gewalt von morgen nachzudenken ist daher gewiss eine vorrangige Aufgabe der liberalen Verfassung.

Rechnen Sie auch die Probleme des Gesundheitswesens, der Qualität der Lebensmittel und der Ernährung zu den ethischen Themen, über die wir in diesem Kapitel gesprochen haben? Sollten auch diese Themen aus dem traditionellen demokratischen Prozess herausgelöst und Ethikkommissionen zur Lösung anvertraut werden?

Dieses Problem ist erst in den letzten Jahren aktuell geworden. Lange Zeit waren wir alle einverstanden, billig und in unbegrenzter Menge Lebensmittel zu produzieren und zu konsumieren, und haben die ernsten Konsequenzen vernachlässigt, die dieses System nicht nur für die Tierhaltung, sondern auch für die öffentliche Gesundheit bedeutet. Insgesamt gesehen aber glaube ich, dass wir die Entscheidungen zu diesen Fragen im Rahmen des traditionellen demokratischen Prozesses belassen können. Denn hier handelt es sich um historisch bedingte Auseinandersetzungen, bei denen Meinungen sich von Zeit zu Zeit ändern und Entscheidungen von Fall zu Fall getroffen werden können. Mal herrschen konservative Standpunkte vor, dann wieder möchte man vieles verändern. Es sind jedenfalls Themen, die in den Bereich der Politik gehören. Mehrheitsentscheidungen sind hier durchaus legitim, über die Frage etwa, ob Lebensmittel billig und mit einem hohen gesundheitlichen Risiko oder teuer und mit einem geringeren gesundheitlichen Risiko belastet sein sollen. Am besten wird es sein, dem Verbraucher beides anzubieten und ihn selbst über die Mechanismen des Marktes entscheiden zu lassen.

Die neue Demokratie

Am Ende dieses Gesprächs möchte ich Sie bitten, einen Katalog mit all den Problemen aufzustellen, die wir bisher besprochen haben. Dies könnte helfen, die Grundzüge einer möglichen «neuen Demokratie» aufzuzeigen, die an die Stelle jener alten treten könnte, welche wir kennen und welche nicht mehr funktionsfähig ist.

Ist eine demokratische Zukunft nach dem Ende der Demokratie überhaupt denkbar?

Die Themen, die im Verlauf unseres Gesprächs über die öffentliche Debatte in der «Post-Demokratie», also in einer Epoche am Ende der klassischen Demokratie aufgetaucht sind, könnte man in einem einzigen Satz zusammenfassen: in der Frage nämlich, wie wir den Prinzipien, die die Demokratie begründen, treu bleiben können, auch wenn die traditionellen Institutionen nicht mehr in der Lage sind, das Wunder zu vollbringen, die Beziehung zwischen Regierten und Regierenden wirksam zu regeln.

Ich möchte die Situation, in der wir uns heute befinden, kurz skizzieren und dabei zehn Punkte hervorheben:

1. Die Prinzipien der Demokratie bleiben grundlegend für jede liberale Ordnung. Sie verlangen, dass Veränderung ohne Gewalt möglich bleibt, dass die Ausübung von Macht kontrolliert wird und dass das Volk in diesem Prozess eine Stimme hat.

2. Die Institutionen der parlamentarischen Demokratie und der repräsentativen Regierung sind eine großartige Errungenschaft der Menschheitsgeschichte, aber sie waren und sind eng mit der Bildung des Nationalstaats verknüpft. In dem Maße, in dem Nationalstaaten ihre Bedeutung behalten – und ich bin überzeugt, dass dies nach wie vor in großem Umfang gilt –, werden parlamentarische Demokratie und repräsentative Regierung auch weiterhin wichtig sein, trotz all der Probleme, über die wir gesprochen haben.

3. Viele relevanten Entscheidungen jedoch sind in andere politische Räume ausgewandert und haben sich in Dimensionen verlagert, die über den Nationalstaat hinausgehen. Es wäre abwegig und illusorisch zu versuchen, die traditionellen Institutionen der parlamentarischen Demokratie in diese Räume zu übertragen. Mit anderen Worten, in diesen neuen Räumen sind die Parlamente nicht mehr echte Parlamente und geben sich auch nicht mehr als solche aus, wenn sie nicht ganz bewusst das Volk täuschen wollen. Was wir mit Blick auf Europa gesagt haben, gilt in weit größerem Maße für andere Beispiele, etwa für die parlamentarische Versammlung der NATO. In dieser Lage gilt es, an den Prinzipien der liberalen Ordnung, auf denen die Demokratie beruht, festzuhalten und nicht einfach traditionelle demokratische Institutionen zu imitieren.

4. Das bedeutet, dass wir Elemente der liberalen Ordnung in den Vordergrund rücken, die nicht im Zentrum unseres Gesprächs über die Demokratie standen, aber dennoch mehrfach zur Sprache kamen; vorrangig den Rechtsstaat, also die Kontrolle der Macht durch allgemein anerkannte Regeln sowie klare Sanktionen gegen alle, die gegen diese Regeln verstoßen. Im weiteren Sinn ist der Rechtsstaat, der meines Erachtens auch internationale Regelungen begründet, ein entscheidender Test für die Prinzipien der Demokratie in politischen Räumen, die über den nationalstaatlichen Rahmen hinausgehen. Zudem halte ich es für wichtig, feste zeitliche Begrenzungen der Amtszeit auch in internationalen und übernationalen Organisationen festzulegen, um jenen gewaltlosen Wechsel zu gewährleisten, der in diesen Organisationen nicht durch Wahlen sichergestellt ist. Wir brauchen also neue Regeln und dazu ein hohes Maß an schöpferischer institutioneller Phantasie.

5. Das größte Problem der internationalen politischen Räume ist jedoch die Schwierigkeit, Methoden für den Ausdruck des Volkswillens zu ersinnen. Die Teilnahme der Bürger am politischen Entscheidungsprozess bleibt nach wie vor ein ungelöstes Problem. Bisher haben wir nur Mittel und Wege von beschränkter, wenn nicht sogar fragwürdiger Tauglichkeit

gefunden. Eines von ihnen ist sicherlich das Internet, jenes abstrakte Netzwerk der öffentlichen Debatte, das dank der modernen Technologien möglich geworden ist. Ein weiteres Instrument bildet heute in der Tat die Beteiligung des Volkes an großen öffentlichen Demonstrationen, von denen wir seit Seattle zahlreiche Beispiele erlebt haben. Sie wurden übrigens nicht zuletzt durch eine vorbereitende Mobilisierung und Diskussion im Internet möglich, wo vornehmlich kritische Meinungen kundgetan werden. Zweifel sind erlaubt, ob das Internet ein qualitativ angemessenes Instrument der Teilnahme ist; aber zweifellos belegt es das enorme Bedürfnis nach Partizipation, zeigt es die Aktualität und Dringlichkeit eines Problems, auf das wir bisher noch keine Antwort gefunden haben. Als erste und sofortige Maßnahme müssen wir, denke ich, versuchen, die traditionellen, die gewählten nationalen Institutionen stärker in den Entscheidungsprozess der internationalen Organisationen einzubinden. Dies ist zwar nicht die Lösung des Problems, aber es ist immerhin ein Anfang.

6. Dem Volk Gehör und Macht zu verschaffen ist nicht nur ein Problem auf internationaler, sondern in vieler Hinsicht auch auf nationaler Ebene. Da starke und effiziente Parlamente fehlen, müssen wir andere Möglichkeiten finden, um auf die politische Debatte Einfluss zu nehmen. Dies führt uns zu jenem breiten Spektrum von Ansätzen, über die wir gesprochen und die wir in ihrem Für und Wider beurteilt haben: vom Referendum zu zweckbestimmten Steuern und zu den, wie wir es nannten, «neuen Vermittlern» – den Medien sowie den Parteiapparaten, denen es heute an Mitgliedern fehlt. In der gegenwärtigen Phase gibt es nur disparate Antworten, Versuche, neue Wege zu finden, um zwischen dem Volk und den Entscheidungsträgern eine Verbindung herzustellen. Es ist schwer zu sagen, welche dieser neuen Wege Bestand haben werden, welche positive Ergebnisse zeitigen und welche Schaden anrichten.

7. Die Globalisierung ist stets ein doppelter Prozess, dessen Kehrseite die, wie wir es nannten, «Glokalisierung» ist. Wenn sich die Macht in größere Räume verlagert, wächst immer auch

die Notwendigkeit oder wenigstens ein diffuser Wunsch nach Orten der Entscheidung, die dem täglichen Leben der Menschen näher sind. Ich halte diese neuen Räume, diese lokale Dimension für wichtig und für erstrebenswert, vorausgesetzt, es handelt sich tatsächlich um lokale Räume. Ich habe stets mit Interesse die Direktwahl der Bürgermeister verfolgt, selbst in sehr großen Gemeinden wie Rom und London. In diesem Bereich würde ich nicht einmal das Referendum als Möglichkeit ausschließen, vorausgesetzt, es bezieht sich auf reale und klar definierte soziale Strukturen, auf Gemeinden im eigentlichen Sinn, die für die Menschen von Bedeutung sind.

8. Allerdings bin ich strikt gegen eine Stärkung der regionalen Dimension. Ich halte dies in der gegenwärtigen politischen Debatte für einen falschen Weg, der uns selten mehr Demokratie gebracht hat, wenn überhaupt. Ich würde sogar sagen, dass dadurch keines der Probleme gelöst wird, die wir aufgezeigt haben. Es ist ein falsches Konzept der Selbstbestimmung, das nicht das Recht des Volkes auf die Wahl einer eigenen Regierung betont, sondern vielmehr auf das vermeintliche Recht eines Volkes pocht, innerhalb bestimmter Grenzen zu leben. Beim Aufbau dieser neuen Regionen entstehen nicht gesunde föderale Strukturen, sondern relativ homogene Räume, die populistischen Führern nur als neue Basis ihrer Macht und Patronage dienen. Diese Regionen zeigen eine gefährliche Tendenz zur Intoleranz nach innen, also gegenüber den eigenen Minderheiten, und zur Aggression nach außen, gegenüber den Nachbarn.

9. Wenn wir die Probleme betrachten, die heute die Öffentlichkeit am meisten beschäftigen, sehen wir, dass es sich hierbei vielfach nicht mehr um politische Themen im klassischen Sinn handelt; sie berühren eher den heiklen Bereich der Ethik. Sie verlangen daher auch ein größeres Maß an Reflexion und Debatte sowie neue Institutionen, die diese gründlichere Auseinandersetzung gewährleisten: das, was wir Ethikrat oder Ethiksenat genannt haben.

10. Das Bild, das wir heute vor uns haben, ist nicht leicht zu

deuten. Tatsache jedoch ist, dass wir in keiner einfachen Welt leben. In gewisser Weise bleibe ich ein Demokrat im klassischen Sinn: Ich glaube an eine allgemein verständliche öffentliche Debatte, aber ich möchte nicht, dass diese Verständlichkeit auf Kosten der Komplexität geht. Wir sehen uns heute Problemen gegenüber, auf die es keine einfachen Antworten gibt. Und wenn ein politischer Führer behauptet, er könne mit der Kraft seines Willens diese Komplexität vereinfachen, dann ist der Augenblick gekommen zu protestieren und ihm eine Lektion zu erteilen. Ein zentraler Aspekt der liberalen Ordnung ist die Möglichkeit, zu einer Vielzahl von Fragen eine Vielfalt von Positionen auf vielfältige Art und Weise zu äußern. Es ist ein Jammer, dass das alte, klassische Parlament diese Aufgabe in der Demokratie wahrzunehmen heute nicht mehr imstande ist, dass es den Aufgaben, die die klassischen Autoren ihm zugedacht haben, nicht mehr gerecht wird. Mir war dies lieb und teuer, und im Grunde meines Herzens trauere ich der zentralen Stellung und Rolle des Parlaments immer noch nach. Aber das Problem ist, dass diese zentrale Rolle tatsächlich nicht mehr existiert. Demokraten dürfen die Augen vor der Realität und vor den Veränderungen, die sich vollzogen haben, nicht verschließen, sondern müssen versuchen, in einer grundlegend veränderten Situation den liberalen Prinzipien Geltung zu verschaffen. Nach dem Ende der Demokratie müssen und können wir eine neue Demokratie aufbauen.

Aus dem Verlagsprogramm

Geschichte und Politik

Ralf Dahrendorf
Liberal und unabhängig. Gerd Bucerius und seine Zeit
2. Auflage. 2000. 304 Seiten mit 47 Abbildungen. Leinen

Fritz Stern
Das feine Schweigen
Historische Essays
Zweiter, unveränderter Nachdruck der 1999 erschienenen
1. Auflage 2000. 187 Seiten. Gebunden

Fritz Stern
Verspielte Größe
Essays zur deutschen Geschichte des 20. Jahrhunderts
1996. 317 Seiten. Leinen

Dieter Grimm
Die Verfassung und die Politik
Einsprüche in Störfällen
2001. 336 Seiten. Klappenbroschur

Gerhard A. Ritter
Über Deutschland
Die Bundesrepublik in der deutschen Geschichte
1998. 303 Seiten. Leinen

Paul Nolte
Die Ordnung der deutschen Gesellschaft
Selbstentwurf und Selbstbeschreibung im 20. Jahrhundert
2000. 520 Seiten. Leinen

Verlag C. H. Beck München

Geschichte und Politik

Heinrich August Winkler
Der lange Weg nach Westen
Band 1: Deutsche Geschichte vom Ende des Alten Reiches
bis zum Untergang der Weimarer Republik
4., durchgesehene Auflage. 2002. VIII, 652 Seiten. Leinen
Band 2: Deutsche Geschichte vom »Dritten Reich«
bis zur Wiedervereinigung
4., durchgesehene Auflage. 2002. X, 742 Seiten. Leinen

Etienne François/Hagen Schulze (Hrsg.)
Deutsche Erinnerungsorte
Band I:
3. Auflage. 2002. 725 Seiten mit 77 Abbildungen. Leinen
Band II:
2001. 739 Seiten mit 77 Abbildungen. Leinen
Band III:
2001. 784 Seiten mit 86 Abbildungen. Leinen

Verlag C.H.Beck München